CFO教你读财报

潘青 著

中国出版集团
东方出版中心

图书在版编目（CIP）数据

CFO教你读财报 / 潘青著. 一上海: 东方出版中心,
2020.8（2021.5重印）
ISBN 978-7-5473-1670-2

Ⅰ. ①C… Ⅱ. ①潘… Ⅲ. ①会计报表-会计分析
Ⅳ. ①F231.5

中国版本图书馆CIP数据核字（2020）第125774号

CFO教你读财报

著　　者　潘　青
责任编辑　李　琳
封面设计　田松大魔王

出版发行　东方出版中心
地　　址　上海市仙霞路345号
邮政编码　200336
电　　话　021-62417400
印 刷 者　山东韵杰文化科技有限公司

开　　本　890mm×1240mm　1/32
印　　张　7.125
字　　数　116千字
版　　次　2020年8月第1版
印　　次　2021年5月第2次印刷
定　　价　39.80元

序

这些年，人人都关注一个问题：为什么大多数股民炒股不赚钱？我们常听到有人买中了不错的股票，甚至有人手里股票市值翻了几倍、十几倍，但鲜有听说身边人能持续地、大概率地买中好股票。偶尔买中一只股票容易，难的是持续投到好公司。对多数股民，熟悉的场景就是：打开炒股软件，输入亲朋好友、券商媒体推荐的股票，高买低卖，结果就是股民们熟悉的经历。

你是否真的试图去了解过一家上市公司？了解它如何营利，如何发展，如何给你回馈收益，还是就看股票代码中是否有多个"8"和"9"？而那些真正了解过、看懂过上市公司的人，成了会大概率持续成功的投资人，比如公募基金、私募基金等熟悉的机构投资者。

股神巴菲特曾经说过：你在股市赚钱多少，跟你对投资对象的了解程度成正比。他的了解方法就是看财报，还留有名句"不懂财报就别投资"。除了巴菲特以外，所有持续成功的投资者，都有分析财报的技能，也通过财报看清公司的商业模式即赚钱方式。所谓财报，就是公司财务报表的简称，也被称为年报、财务数据等，也包括公司的业务和战略介绍。

想象一下，如果你要投资一家公司的股票，直接跑去人家门口问 CEO/CFO/销售总监/人事总监，了解这家公司的发展情况，绝对会收获一大串白眼，因为他们都很忙。如果每位投资者都跑去问，中国有几千万股民，公司高管就没时间干主业了。但是，如果你会读财报，就能从披露的数据中看到一切你想要了解的信息：收入成本、盈利能力、发展趋势、前景拐点等，为你的投资决策提供有效支持。当然，从中，你也看到，财报必须很真实、信息也充分，否则，上市公司作为投资标的就无从谈起。但很多时候，判断公司是否可信、是否存在作假，这也得从财报开始。

一份财报，对于会读的人来说，是自带金钱的信息。这就是为什么巴菲特 88 岁高龄，还拿着放大镜看上市公司财报，也是为什么著名做空机构浑水、香橼等凭借公开披露的财报，从中发现上市公司的核心秘密，出手狙击获利上百亿。

说到这里你会问，既然财报对投资那么有用，为什么多数股民不去看？

原因之一是：不知道财报怎么看。对于一些投资者，首先是不知道财报在哪里可以获取；其次是面对动辄几十页、甚至上百页的满是数字和专业词汇的内容，找不到哪里是重点；最后，即便勉强看完也没有什么收获，因为他们没有办法从财报中提炼出对投资有用的关键信息。

更重要的是，读财报是有技巧的。如果不是像本书作者一样长期从事相关工作，像庖丁解牛一样熟练，可以迅速抓到关键要领，即使是学习过财报的投资者，也需要花上一整天的时间和精力去研究和计算，才能获得有效数据。

所以，读财报这件事需要学习。作为一个财报"老司机"，本书作者将在此书中教你如何通过阅读财报、搞懂商业模式，获得收益。

如果把财报比喻成一辆车，那么，本书主要分为两部分：第一部分简单告诉你这辆车的机构和各个部分的功能，是投资者必须了解的财报结构和内容；第二部分教你"买车"的重点：如何用财报数据来筛选好公司、避开坏公司。

看财报的人很多，有企业高管、审计人员、监管层、投资者等，不同人看财报关注的点不一样。本书挑选了只属于投资者真正需要知道的内容，即财报的三张表：资产负债表、利润表、现金流量表。通过这三张表挖掘和投资有关的信息，还有这些表的附注里透露的蛛丝马迹，以及从中延伸出来的常见财务指标，比如资产负债率、总资产净资产报酬率、市盈率等，可以通过它们去解锁那些只有机构投资者才能注意到的核心秘密。

第二部分是投资者如何用财报找到好公司，避开坏公司。用第一部分学到的知识来分析好公司和坏公司在财报上是如何体现出来的，以及如何去选择和规避。这部分侧重作者从业中亲身遇到的一手案例，具体应用到A股市场。

本书最关键的是，作者用自己的工作经验所得，教你如何从CFO的视角，快速切入关键性数据，察觉公司存在的机遇和风险，站高一维看公司和行业。这是本书独特的优势。

掌握了这些技能，有了自己的判断，你就不会一脸迷茫、一头雾水，而是能带着问题去财报中找寻答案，走自己的路。

不管你是沉浮于股市的股民、对投资有兴趣的职场新人，抑或是财务从业人员，无论你是看重一级市场股权投资，还是二级市场股票投资，这本书都会对你有所帮助，提高你的洞察力。

陈志武

耶鲁大学金融经济学教授

香港大学亚洲环球研究所所长、金融学客座教授、冯氏讲席教授（经济学）

目 录

财报特训

引 言

为什么要读财报?

这个问题可能比怎么更好地读财报更为重要。在本书完稿的时间内,我们非常遗憾地看到某中概股公司自曝财务造假而引起的轩然大波。关于事件本身我们不予置评,但让很多人大跌眼镜的是,在本次事件中,被"蒙在鼓里"的不光是很多深受其害的个人投资者,甚至还有许多国际著名的专业机构。90%的收入是伪造的,这个比例会令人不得不怀疑,这么大的谎话财务数字上可能没有蛛丝马迹可循么?或者说财报上会没有让人心生疑惑的数字么?而那一瞬间的不确定,可能会让你已经按下的买入键变成"再看看""再等等",从而得以避过一个惊天大雷。

中国的资本市场在大踏步向前发展的现代化进程当中。新证券法下对注册制的实质性推动,将使得普通股民投资决策的风险大大增加。而监管机构的角色将更加市场化，从家长式的审核式监管，即判断公司"够不够好""能不能上"带来的隐性背书，退居到审核公司"说没说真话""披露完整不完整"，在上市企业将各种信息完全披露的情况下，让投资者自己拿主意。

这是一个完全正确的历史进程，而公司披露这些信息的重要甚至可能是唯一载体就是他们的财报。随着注册制的全面铺开，公司的财报会由于监管的要求越来越长，内容越来越多。

所以说，不读财报的投资基本等同于买彩票，会读财报、具备能从财报中提炼出关键信息的能力将是价值投资所需要的基础能力。巴菲特写给股东的信因其通俗易懂而大受欢迎，但如果你对Berkshire Hathaway（伯克希尔·哈撒韦公司）的财报完全不熟悉的话，也肯定只能读个一知半解，引用个把鸡汤式金句，根本无法体会股神的价值投资理念。

读财报是投资入门、投资能力进阶所需要具备的基础技能。这是和歌唱家要具备乐理知识、大厨要有不错的刀功一样的底层技能。练得好，可以成长与进步；偷懒不练，一时看不出来，但长期来看就会快速出现瓶颈，而且是那种无法轻易突破的瓶颈。

在2018年的夏天，应公司的要求，我带领团队出了一套"CFO教你读财报"的音频内容。这本书的前身便是这套11节课的音频课。有许多的投资者与理财师对于价值投资很感兴趣，但苦于动辄上万字的财报，无法快速地获取财报的关键信息。其实这个问题由来已久，也不仅仅是中国读者的苦恼，甚至在美国，不管是民间、监管层，还是准则制定者们，都做了大量的尝试与努力，希望能够以一种放之四海而皆准的普适性财报来解决财报的可阅读性的问题。美国证监会推出的电子XBRL（可扩展商业报告语言），统一会计准则等都是这方面的努力。

在收到很多音频课程的正面反馈，例如易懂、逻辑清晰、简洁有效的同时，也有一部分"进阶玩家"对作者提出了更高的要求，希望能够有更多详实的案例来帮助他们练习与体会。因此，我也邀请了几位部门的财务骨干，形成创作小组，在业余时间来扩充内容，增加案例，希望带给这部分"玩家"更好地体验。想要简单粗暴短平快地了解课程内容的，或者说是本身财务基础确实比较浅的读者，建议可以先听完音频课，再阅读本书。

作者作为审计行业的老兵，在近20年的职业生涯中阅读、分析、审计了上千份的财报，而在大部分的项目中作为审阅者和把关者的合伙人，确实没有时间通篇阅读每一份财报的每一个字，这就需要形成一种快、准、狠的解读方法，在相对较短的时间内快速地抓到财报或者财务数字当中的关键信息，发现异常并可以循着蛛丝马迹进行进一步地调查与深挖。这种能力固然可以通过一万个小时式的积累，但同时也存在着一套成熟的方法论。这当中还离不开对各种会计准则、各种行业不同的财务指标的熟练把握，对财报中各

项数字的勾稽关系的本能反应，以及对数字的敏锐感觉。

但对于普通投资者来说，如果仅仅是希望在第一次接触到一个心仪或者感兴趣的投资标的时，能够快速地掌握这个投资标的的基本财务状况，并且能够依据财报大致感受到投资标的的行业特征、所处行业地位，最重要的是判断未来发展前景。从这个角度来说，这是没有必要去接受完整的全部训练的。毕竟，想学开车也没必要把车子的每一个零部件、每一处机械传动理论都掌握清楚。而作者希望能够用这一套从大量的自身及同行高手的实战经验中所提炼出来的"三分法"，帮助读者做一个"快速使用指南"，让读者在很短的时间之内快速地找到财报的关键信息。如果读者想获取更深层次的信息，则至少可以在向专业人士请教的时候，问出更在点子上的高质量的问题。

本书围绕着"三分法"展开讨论，在讲解完财报的基础知识及三张表之后，选取了几家极具代表性的公司财报进行分析。

什么是三分法呢？

简单来说，就是对纷繁复杂，数字、文字浩如烟海的财报进行"庖丁解牛"般抓重点式的阅读。这既不同于对课本的精读、也不同于对小说的通读，而是介于工具书与通俗书之间的一种阅读方法。而财报中财务数字的内在勾稽性，又要求读者可以迅速从某个数字的变化推导出其背后的商业逻辑。

不重要的信息、产生干扰的信息或者是大量的专业术语的烟雾统统撇在一边，紧紧抓住三分法指引的财报中的粗线、主线，直达你最需要了解与掌握的信息。打个形象的比方，就好像你被房产中介带去看样板房，身处样板房琳琅满目的吊灯、沙发、地毯、岛柜，甚至是旋转楼梯之中，在房产中介热情洋溢、洋洋洒洒的溢美之词中，你可以不受干扰地看出房间分布、房间朝向、承重墙位置、梯户分摊等关键信息一样，而不会被一些无关信息干扰。

三分法的基本走向是：解构、定位、勾稽。

对于解构，我们首先还是需要对财报的基础结构有所了解。虽然各国的会计准则复杂精深，但至少都是以复式记账法所衍生出来的会计理论为基础的，而除美国之外的国家基本都在国际会计准则的框架之中；美国准则虽然更加复杂与个性化，但近年来也做了大量的向国际准则转换的努力，应该说财报中的基本语言还是相同的。

对于定位，简单说就是找到对公司而言关键的财务指标或者财务比率，这些数字就像承载着公司业务及财报的承重墙，如果这些数字出现了好的或者不好的变化，一定体现了公司业务的重大变化（不论好坏），这些关键数据我们要第一时间找到。

对于勾稽，大家需要记住，由于复式记账法与会计准则的特点，财报上没有一个数字是会独立存在的，每一个数字都有着与它相对应的"孪生兄弟"，应收账款对应着收入、应付账款对应着费用，这都是公理般的存在。牢牢地记住这一点并加以运用，是三分法当中重要的解析方法，而在本书，我们还特地增加了一份虚拟的、从 0 开始构建的财务报表案例，借此让读者了解一份财务报表生成的过程。

从期望值的角度来说，希望借由此方法成为审计师或者是财务总监等财务专业人士肯定是不够的，因为它的简单与明了是牺牲了对每一个会计科目的深度探讨与阐释的，全面地讲述财报及会计科目的书，市面上其实已经有很多。

本书最适用于已经有一定的投资经验，对万德等投资信息工具有了初步了解的读者，这样的话，你可能会带着问题来阅读本书。对于财报零基础的"小白"读者呢？本书依然非常有助于你在保持财报兴趣的同时快速入门。在本书前身音频课程的制作当中，以及在本书的案例补充写作当中，都在创作组中特意安排了财务"小白"，在行文、遣词造句、案例中进行了大量的优化，以确保在没有注入大量晦涩的专业术语、令人头皮发麻的万行大表的前提下，依然可以引领着我们的读者在财报的海洋中遨游。

最后，我也想在此感谢参与本书创作的诺亚财富的财务尽调、财务中心与品牌市场中心的伙伴们：曹莹、赵艺璟、刘艳、俞博文、胡怡婕、李波、严煦、贺姗姗、郑梦雨、张梦程、王俊等。

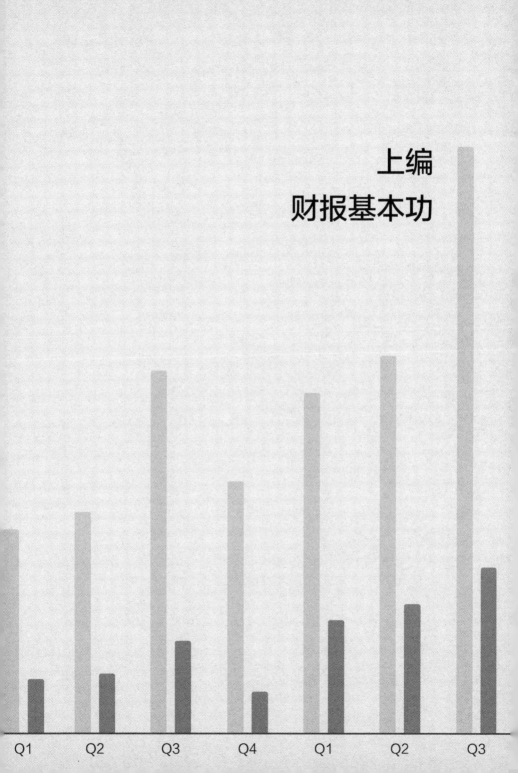

上编
财报基本功

第一章
财报三张表，看透股价背后的秘密

首先祝贺您正式开启了价值投资之旅的第一站：读财报。本章我们会给大家介绍什么是财报，以及提炼财报要点的一些方法。

财报其实就是财务报告的一个简称。读财报之前，手里首先要有一份财报。那如何获取财报呢？很简单，登录你想了解的上市公司的官网，点开它们的"投资者关系"页面，英文叫作"Investor Relationships"，这个页面一般都会有财报的公布。

另外，很多主流的财经网站也会发布所有上市公司的财报，比如新浪财经等。我们在本章末尾，提供了一些常用的财经网站的链接，在上面可以搜到大部分上市公司公开披露的财务信息。

一份标准的上市公司财报，是由三个部分构成的：审计意见、主要财务报表以及财报附注。而主要财务报表就是我们俗

称的"三张表"：资产负债表、损益表和现金流量表，这个也是狭义上的财报。本书讨论财报主要是围绕这三张表展开的。第一章内容非常基础，如果你相对比较熟悉这部分基础概念的话，也可以直接从第二章开始阅读。

在一头扎入财报那深不可测的信息海洋之前，我们还是先来看一下财报的3个主要特点:（1）时效性;（2）真实与准确性;（3）可比性。了解这些特点有助于我们更好地理解财报。

第一个特点，财报都具有时效性。

这个很容易理解，因为信息的周期过长会导致信息价值的大幅降低。比如你想研究一家公司的股票和财务信息，你肯定不希望发现它最近的财报是两年前的，因为在市场瞬息万变的情况下，几个月的时间都可以让一个公司的经营状况天差地别，更不要说是几年了，所以财报的时效性很重要。而上市公司也都被强制要求在定期的一些时点，比如季度、半年或者一年，披露财报数据。

第二个特点，财报的数据和信息必须保证真实准确性。

这个好像是一句废话，但是这个也是经常容易出现状况的地方。为什么上市公司年报的截止日期是年度结束后的四个月内？可能对很多人来讲很疑惑，一份财报要编四个月吗？

答案确实如此，要确保财报的真实与准确，是需要花很多时间的。企业的财务人员首先要历经复杂和繁重的关账流程，一般都会花上一个半月甚至两个月的时间，再之后还有两个多月，辛勤的审计师要审计里面的每一行字，每一个数据，每一句话，以确保核实财报的真实和准确性。

第三个特点，可比性，这其实也是年报非常重要的特点。

什么叫可比性？财报需要有一个统一的语言体系，而这个语言体系一般叫作财报的会计准则。大家平时听说的准则，其实就是指财报准则，**目前国际上以国际准则和美国准则为主流。**在美国上市的公司一般都是美国准则，其他地区上市一般都会采用国际准则，而中国的会计准则相对比较接近国际准则。

为什么要讲一样的语言？大家发挥想象，形散神不散地自由发挥不就行了吗？比如说土豆在上海叫洋山芋，在北方叫地蛋，学名叫马铃薯，不也没什么问题吗？去菜市场也不会买错菜。但是在财报中这样可就行不通了。打个比方说，茅台集团的财报当中有一个关键指标叫作预收账款，它的增长反映了某个行业供需的一个拐点。如果没有一定会计准则的话，在企业A的财报中就可能叫预收账款，在企业B的财报中可能就会叫其他负债，在别的公司又是另一种叫法，那就真的变成鸡同鸭讲。

就拿企业 A 的年报来讲，2017 年可能叫预收账款，2016 年叫其他负债，2015 年又叫别的，如果都这么自由地发挥，那么所有公司的财报，不管是横向跟其他企业比还是纵向跟自己历史比，都没办法比了。这个时候整个资本市场都有可能语言不通陷入一片混乱，因为财务指标没有办法进行分析。

所以，财报有时效性、真实准确性和可比性的特点，其实我们也可以借此给财报一个简单的定义：那就是**企业在一定时点，按照一定的规则（一般是会计准则），基于真实和准确的财务数字来反映企业在一定期间内的经营活动成果的报表。**

正因为有这些特点，财报成为价值投资必不可少的工具。这也是为什么每次上市公司公布业绩，也就是将财报和其他一些相关信息公之于众的时候，都会对股价造成一定影响。业绩好的时候会使股价上升，业绩差的时候可能就会对股价造成一定压力。

财报这么重要，我相信很多找到财报的读者已经迫不及待要分析起财报，去发现里面的投资机会了。当你信心满满地打开一份财报，发现扑面而来的却是"一万点暴击"伤害，动辄七八十页的财报，究竟从哪里下手？

这就是我写这本书的目的：快、准、狠地抓取财报中的关键信息，从而辅助投资决策。

好货不藏私，接下来我就和大家分享财报解析的三分法。

在将近20年的财务从业经验当中，我编制、审计也阅读了不下上百份中国、美国等国家和地区各种奇形怪状的财报，这之后，我发现"三"这个数字简直是财报的一个黄金分割线，财报的三张主表、审计意见的三段论以及财报的三个组成部分等等，财报当中蕴藏了许多许多的"三"，用一句歌词来形容，简直可以叫作"三分天注定"。

如果把财报所呈现的信息比喻成街头闹市纷纷攘攘的大量的声音的话，三分法就是帮助我们准确地获取信号，屏蔽噪音的方法。打开一份财报，运用三分法时，要做的第一件事，就是找到第一个三，**即财报的三张主表，包括资产负债表、利润表、现金流量表，一般都在财报的开头部分，非常好找。**而它们的排列顺序，一般也都是这样，几乎是一成不变的。在实际呈现中，可能有摘要版、简化版或者是顺序微调的一些变化，但如果对三张报表比较熟悉的话，这些结构和顺序不会太影响阅读的。

找到三张主表之后，我们再用三分法来解析单个的报表。

要解析的第一张报表就是赫赫有名的资产负债表。

即使是财务小白或者是投资新手，肯定也多多少少在财经新闻中听过一些公司"经营不善，资不抵债"，或者某某公司创新的"轻资产商业模式"，或者是说某些国企或大型企业经营不善"资产负债率高企"等等说法，其实引用的都是资产负债表当中衍生出来的资产和负债的概念。

前面我们提到，一家公司的财报是为了呈现企业的经营活动的，是企业经营的"成绩单"；企业需要经营，那肯定是需要有相对应的资源的。这个资源就叫作资产，只要开门做生意，就必然先有资产。

"三分法"的第一步就是在财报当中找到关键要素。资产负债表的三个关键要素：**第一个是资产，第二个是负债，第三个叫作所有者权益。**

第一个要素大家都比较熟悉，这里先不展开。资产负债表的第二个要素是负债。

什么是负债呢？顾名思义，负债就是公司欠别人的钱，可以是欠银行的贷款，欠供应商的应付货款，或者是欠员工的工资和福利。如果把资产形容成企业"有什么"，那负债就是"欠什么"。一提到负债，很多人可能会把它和负面的东西联系到一起，但事实并不完全是这样的，负债对企业来讲是一种借力的方式，借别人的钱来经营，叫作"加杠杆"，所以负债有的时候也被叫作杠杆。一个企业如果完全没有负债，可能是因为这家企业借不到钱，没有人愿意借钱给它，信用差。假如说信用好，但是也没有活用杠杆的话，那可能公司的财务运营方面还需要一定的提升，如果不会灵活、合理使用杠杆，往往也会限制企业的扩张和发展速度。

第三个要素所有者权益，这个概念其实很容易理解，从这个等式上，资产−负债＝净资产，可以知道净资产是企业还清负债后所剩余的资产，而这一部分资产都是归属于股东的，也就是企业的所有者，所以它有个名字叫作所有者权益。这个要素相对比较复杂，我们在后面的章节会展开详细的讨论，这一章大家记住资产负债表第三个要素叫所有者权益即可。

财务报表的第二张主表叫利润表，有的时候也被称为损益表。

如果说资产负债表是一张静止的照片，是在期末给企业经营状况的一张"快照"。那么利润表就是对企业经营活动的记录，这个就好像一段动态的视频。比如说记录1月1日到12月31日期间，企业销售了多少货，花了多少钱，最终赚了多少，通俗来讲就是可以从利润表当中了解到企业经营活动的成果。

我们也可以运用三分法对利润表进行分析，我们的切分维度可能跟其他传统理论不太一样，我们以主营业务作为维度来切分，把它切分成为：**营业内利润，营业外利润和净利润。**

为什么要用"主营业务"来切分？因为就像每个人都有一定的职业和专业，这形成了很多人大部分的收入来源，也是在社会上立足和竞争的根本。那么类比商业领域，主营业务就是这家企业长期发展的立足之本，是主要收入来源，也很可能是企业的"商业护城河"所在。

我们提出围绕主营业务的三分法，其实也是对"价值投资"的一个坚持。很多人都有这样的经历：突然听到风声说，某某公司马上要做资本市场操作，要并购了，股价要起飞了，赶紧买进去。结果往往事与愿违，短线操作，没有基本面和财务的支撑，很容易就被"割韭菜"。所以，我们并不鼓励抱着读完就能发现10倍股的心态来读这本书，而是遵循价值投资的规律，在一家企业的良性发展中分一杯羹。

那么，对于"主营业务三分法"我们来举一个小例子。比如说一家制造手机的厂商，它的主营业务就是生产并销售手机，那么营业内利润就是销售手机所得的收入，减去生产制造环节、销售环节等环节产生的一系列相关的成本和费用。那营业外利润呢？就是如果这家手机厂商每年都能获得一些政府补贴，或者说某一年大额的利润来自于它卖掉了一幢楼，这些都是利润，但这些跟主业经营并没有直接的关系，也没有办法代表主营业务的营业能力，所以叫作营业外收入。我相信大家如果想投资一家手机公司的股票的话，恐怕不会特别关注它每年能卖多少楼吧。所以，营业外利润这个指标在分析时一定要特别注意，如果说比重特别大的话，一定要加以剔除，这个是非常典型的，在财报当中属于噪音。

营业内利润与营业外利润两者相加，就是著名的一个名词，叫净利润，也就是企业在当期所有的收入减去所有的支出，所剩余的钱。在后面的案例分析中，你会发现，净利润会多次地出现，因为它是许多重要财务指标的一个分子，告诉大家一个小秘诀，在看这些多种多样的财务指标的时候，如果是**以净利润为分子的指标，其实都是在以不同的角度分析企业的盈利能力。**

主表当中最后一张非常重要的表，叫作现金流量表。

现金流量表记录的是一家企业在一个时间段内现金的增减情况，也可以叫作流动情况，其实它本身运用三分法来解析已经非常简单。因为从会计准则上，现金流量表就分成三个部分：**经营活动产生的现金流，投资活动产生的现金流以及融资活动产生的现金流。**这三个现金流构成了企业在当期整个现金变化的和。其实它讲述了一个简单的故事，就是企业一年当中现金是多了或者是少了，多了多少或者是少了多少。

现金流量表特别重要，这也是为什么会计准则为这一单独科目设置了详细报表。有句话叫"现金为王"，俗话说"一文钱难死英雄汉"。被难死的英雄汉很有可能家财万贯，或家有良田百顷，可是时下就是没有一分钱，那他就会处于一个非常困难的境地，换句话说就是现金流断裂，基本生活都无法保证，可能连一碗面都吃不起。后面的章节我们也会分享一些资产负债和净利润相对都比较健康的企业，因为现金流管理不善而破产甚至倒闭的案例。

最后，我们总结一下本章的主体内容，主要说了三个重要的知识点：

1. 财报的基本概念、功能和三大特点：时效性、真实准确性以及有可比性。

2. 财报三张主表的基本概念，我想给大家一个形象的比喻，方便大家记忆：资产负债表像一张照片，它记录了一家企业在某个时间点，一般是期末，静止的资产、负债和权益的状态，它是静态的；利润表和现金流量表其实都像视频，利润表反映了一家企业在一个时期内的盈利情况；现金流量表反映的是一个时期内现金流量的变动。

3. 我们还运用了"三分法"对财报进行了一个初步的解析，帮助大家快速理清脉络，抓住关键点。我们在后面会对三分法有更加详细的展开。

读完本章，建议大家可以先在网上下载几份财报来看看，带着好奇和问题进入我们下一章的学习。

第二章

财报三张表之资产负债表

在上一章里面，我们简单介绍了财务报表以及如何使用三分法来解析财务报表。本章我们将展开介绍第一张主表——资产负债表，包括它的具体概念以及运用三分法对它进行分析。

一、资产

三分法的第一步定位，是提炼并找到报表的三个或多个关键要素。 资产负债表的三个关键要素是资产、负债以及所有者权益（也叫净资产），如下图所示。

资产	负债
	净资产

大家一定要记得这个恒等式，即资产＝负债＋净资产。也因为这个特点，资产负债表的英文名叫 Balance Sheet，其实既

可以翻译为平衡表，也可以翻译为余额表，实在非常贴切，相比之下，中文名称略显逊色。

所谓资产，就是企业可用于生产或者经营的资源。这里的资源既可以以有形的形式存在，比如货币、存货、厂房等等，也可以以无形的形式存在，包括因为合同或者法律所产生的企业物权或收益权，最常见的是应收账款。传统理论上会从有形和无形作为一个维度对企业资产来切分，但我认为，跟价值投资更具相关性的是资产的流动性特点，所以这里的三分法切分用**流动性**作为维度，把资产进行二次切分，划为流动资产和非流动资产。

要理解这个概念，首先要知道什么是流动性，顾名思义，就是你的资产是不是活水，可以流动起来，即资产的可变现程度。有句话叫"问渠那得清如许，为有源头活水来"，流动性对企业来讲至关重要，我们上一章讲过"一文钱难死英雄汉"，说的就是这个道理。哪怕你富可敌国，坐出租车上没有现金给车费，支付宝上也没有现金，也是很难生存的。当然这是一个玩笑。即使企业的经营状况良好，账面上趴着很多优质资产，但如果非流动资产比重非常高，流动资产相对比较小，在企业需要现金时，难以及时变现，都会造成非常大的经营困难。所以，流动性非常重要。

会计准则上对流动资产的界定是变现时间小于1年的资产

（特殊行业可能小于一个营业周期），如果变现时间大于1年的，则归为非流动资产。而且它的排列顺序很有讲究，会计准则要求按照流动性来排列，资产负债表的第一行往往就是最具流动性的货币资金，接下来按流动性可以分为应收账款、存货等等。

现金，大家应该很熟悉，没有什么比银行里的活期存款流动性更好的资产了。所以，在资产负债表里，这个科目叫货币资金，或者叫作现金及现金等价物。现金等价物可能就是一些期限相对比较短的理财产品。当然现实中也有例外，有兴趣的可以看下上海证券交易所2019年对富贵鸟项目的纪律处分决定书〔2019〕29号，里面出现了大额的银行存款被质押而没有被发现的情况，所以流动性不是一概而论的。当然绝大多数情况下，现金是最具流动性的资产。同时也要关注"两康"现象（康美、康得新账上现金存疑的案例），即现金的真实性。

什么是应收账款呢？这也很容易理解，是指企业在正常的销售、经营过程中应向购买单位收取的款项，或者说是赊销的结果。我们可以举一个例子，大家马上就能明白。

比如说，一家咖啡店，卖咖啡一般都是现场直接现金或者微信支付宝扫码结算，这些都算现金结算。有一天，突然来了一个大企业客户，他说我在附近举办大型会议，需要1 000杯咖啡，但是没有办法现金结算，需要走公司财务流程，但是一个星期肯定结清。那这个时候从咖啡店的角度来讲，它可以销售 1 000 杯咖啡，但同时也产生了 1 000 杯咖啡的应收账款，相对应的账期是一个星期以后。

应收账款和其他应收款要怎么区分呢？应收账款是指和主营业务收入直接相关的往来款项，与日常经营活动有关。这里要运用三分法的"勾稽"概念，即该科目背后的驱动因素是收入，是销售，这一点要牢牢记住。除此之外的应收款项则为其他应收款，比如房租的押金等。

对健康运转的企业来讲，应收账款的账期一般都不长，短则 30 天，长则 90 天，而大部分企业的客户都会在这期限内把钱结清，所以应收账款的流动性一般来讲是不错的，可以归类到流动资产当中。当然账款收不回来的时候，对企业而言就是损失，也即所谓的坏账。所以应收账款的质量在某种程度上会影响企业的盈利能力，同时也会影响现金流。以后大家会听到一个词，叫应收账款周转率，其实就是指应收账款的回收速度，它是判断企业流动性的一个非常重要的指标。

从资产负债表的角度来说，应收账款有的还隐藏着这个企业的竞争地位，货物越紧缺，越不会给账期，拿着现金的人还在门口排队。供不应求之下为什么要给账期？如果是异常大幅攀升，就要特别当心收入造假。

另外一个常见的流动资产就是**存货**，指的就是用来制造生产产品的原材料等，对咖啡店来讲，就是放在仓库里的咖啡豆、纸杯等材料。存货为什么是流动资产呢？因为它在短时间之内就应该被用于生产活动，为企业创造效益，或者变现。存货的映射"孪生兄弟"是什么科目呢？聪明的读者可以想一想，在本章的最后我们有一个常见的映射关系表给大家参考。

上面是流动资产三个比较常见的项目，不太常见的类别我们在进阶部分的章节有涉及。我们接着讲非流动资产。常见的**非流动资产有固定资产、无形资产还有商誉等等，排列越靠后，越靠下，流动性就相对越差。**

固定资产是什么？从字面意思来讲，固定资产就是被固定住的资产。这虽然是一句废话，但很容易帮助记忆。比如说厂房、机器设备这些肯定没办法动来动去的，是企业用来生产制造必须要有的一些大型的相对比较重的资产，如果一家企业真的到了要把固定资产都变现的地步，那可就是我们成语里常说的"砸锅卖铁"了，那么它的经营状况肯定出现了重大问题。再比如，互联网企业被称为"轻资产"行业，所谓的轻资产，就是轻在固定资产上了，大部分时候只需要电脑服务器、办公桌椅等就可以工作了，这个相比于动辄上千万甚至上亿的重资产行业，比如说芯片制造、汽车制造等等就是轻得不能再轻了。虽然这些轻资产没有被固定住，但同样是为了生产经营管理而持有，使用寿命超过一个会计年度，因此也叫作固定资产。

另外一个常见的非流动资产叫无形资产。是一种看不见摸不着，但是有实实在在用途的资产。一般来讲都是一些法律合同产生的权利。比如房地产企业最重要的资产土地使用权，这是一项非常大的无形资产，虽然是无形的，但是离开了它，房地产企业可是没有办法盖房子的。

再比如说世界著名品牌耐克，它的资产中有一项叫作可识别无形资产，如果你打开它的财报附注仔细看一下的话，其实指的就是它收购来的品牌和商标，价值高达18亿。这些品牌和商标对耐克来讲是非常重要的无形资产。

给大家出一道思考题：耐克自己的品牌，那个著名的"钩"，在自己的资产负债表上应该列在哪里？是不是在无形资产里呢？这个问题我们后面为大家揭晓。

非流动资产里面，流动性相对最差的资产叫作商誉。商誉听上去像商业美誉度的简称，但完全不是这么回事。简单来讲，它指的是在**并购一家公司过程当中购买方支付的超过标的资产公允价值的差价。**怎么理解？其实就是溢价，是多付的钱。比如说我要收购一家公司，它本身的资产公允价值只有100万，但是收购价格为200万，多出的100万差价就是商誉。

那为什么要以超出公允价值的对价去收购溢价公司呢？是因为这里的公允价值不等于市场价，只是一个大致的参考，而且很多无法估量的因素，比如说管理团队，专利技术等等都是很难量化的。所以，在收并购情况下一般都会产生溢价。

有一句俗话叫"无并购，不商誉"，**商誉其实代表了收购方对于被收购资产未来可能带来的经济效益的期待。**比如说虽然它的可辨认资产只有100万，但是它还有一流的管理团队，有独特的研发技术，甚至是在市场中处于领先地位等等，这些无形的资源能带来未来创收的想象空间，很多时候商誉还是为了获得对收购标的控制权所付出的一个溢价。

从上面的案例可以看出，**商誉就是一个估值，没有办法变成现金，也没有什么流动性。**一些公司为了做好亮眼的业绩，会试图通过增加一些商誉蒙混过关，所以我们也经常看得到，在财经新闻里面听到某某公司商誉减值，所谓的减值，就是商誉出现了损失。也就是我们刚刚讲的被收购的资产没有带来应该带来的经济效益。所以，当你注意到一家企业的资产负债表里商誉占了很大比重，而且在资产负债表附注里有很多突击收购，那么它的资产质量就要打一个很大很大的折扣了。

那流动性不好的资产就一定是垃圾资产吗？这倒也不一定。比如说长期股权投资，这个也是非流动资产，是指企业投资在其他企业里的股份。比如说如果投资的是饿了么或者美团点评等比较大规模的企业，可能在它还没有上市以前，股份流动性比较差，但是肯定不能说这一类的股份是垃圾资产，尤其在它成功IPO之后。所以流动性好坏不能一概而论，并不是说流动性不好就一定是垃圾资产。

我们这里简单地分析了三分法在资产负债表里的资产端的运用，请大家记得这里切分的重要维度是**流动性**，把资产切分为流动资产和非流动资产。总的来说，资产条目越清晰流动性越好，代表公司主营业务越聚焦越健康。

二、负债

所谓负债就是公司欠别人的钱，可能是供应商，可能是银行，可能是应付票据等等。负债也可以分为**流动负债和非流动负债**。看到这里，读者朋友们可能有点晕，刚刚讲的流动性的意思是能不能变现，难道欠别人的钱还能变现吗？其实不是的，这里的流动性是一个时间点的概念，是按照欠款时间进行划分的：

一年内到期就要偿还的短期借款、应付账款等，这叫流动负债；超过这个期限的，就叫作非流动负债。负债端里常规的诸如银行贷款，应付供应商货款等，这些比较容易理解，大家应该也比较熟悉，就不多做解释。但在这些科目的映射中，需要区分哪些是反映了在正常生产经营中（比如应付一般对应采购）产生的债务，哪些反映了有息的杠杆。

我们讲一个比较特别的例子，在负债里，有个关键的指标是预收账款，从客户这里预收的货款，也是流动负债的一种。这里大家可能就有疑问了，向客户提前收取的货款，难道不应该是资产，而是一种负债吗？从公司角度来讲，收到的现金确实是资产，会记在资产负债表里的货币资金里，但同时是不是还有个义务没有完成呢？对，还没有给客户提供产品。如果这批产品实在太紧俏了，自己仓库一点存货都没有，短期内也来不及生产，那这部分钱是要退给客户的。**这部分钱在负债这里叫预收账款**。换句话说，不能把这部分货款当作收入。所以不管是欠钱还是欠货甚至是欠服务等等，只要是欠着别人的，产生义务的在资产负债表上都会形成负债。

再举一个例子，大家都骑过共享单车，用过共享充电宝，使用之前每个人都会先交一定金额的押金。对这些企业来讲，这部分押金迟早是要退还给用户的，所以在它的资产负债表上面，这部分钱应该叫作预收押金，也是负债的一种。当然，由于创业公司现金流不稳定，押金也可能遇到失信的例子。

了解了负债之后，我们引入一个大家耳熟能详的概念，叫资产负债率。这个词是什么意思？**就是总的负债除以总的资产。负债是分子，资产是分母，这个其实代表了一个企业的负债占总资产的比例。**资产负债率如果越高，说明企业加的杠杆越多，经营风险就比较大。负债率超过50%，甚至达到70%—80%的话，这就给企业资金链带来很大的压力。如果说资产负债率超过100%，说明企业的总负债已经超过了总资产，企业已经资不抵债了。很多房地产公司或者重资产公司，它们的资产负债率都相对比较高，这种情况下如果开发的项目或者经营稍微出点状况，可能就无法按时还上银行贷款、利息或者其他负债。所以说对于资产负债率特别高的企业，日常经营是要非常小心的，就像踩着钢丝绳走路，随时都有可能一脚踏空。

讲到资产负债率，聪明的读者肯定也想自己发明一个比率，比如说，拿流动资产去除以流动负债，会出现什么样的比率呢？这个就是流动比例，其实是在分析企业的流动资产是否可以覆盖即将到期的流动负债，也是对企业流动性的一个判断。

三、所有者权益

资产负债表还有一个要素，大家还记得吗？资产减负债等于所有者权益，也叫净资产。所有者权益是非常抽象的概念，**指的其实是股东对企业的投入。**这个也就是很多时候大家讲的，我们要为股东回报而努力，就是指企业通过经营来增值股东的投入。我们根据这个概念还是用三分法先简单地把所有者权益划分一个维度，把它分为"本"和"利"。**本就是资本的本，指股东持续投入的钱，**不管是最开始投入的本金，还是后续通过渠道融资得到的钱，都可以在资本项下看到，是股东对这家企业累计投入的资本。

什么是"利"呢？利，其实就是这部分股东投入在经过企业的经营之后，产生的增值或者是减值。如果是增值的话，在财报里这部分就叫作未分配利润。

举一个简单的例子。假如我们开了一家非常好吃的煎饼果子店，初期投入了十万。然后因为它口味非常好，价格非常好，所以卖得也非常好。"三个非常好"在一年里面让我们这家店净赚了15万。所以，在年底的时候，最开始投入的10万体现在实收资本这个科目，就是"本"这个部分。"利"的部分就是我们后面赚到的15万，体现在未分配利润里。所以"本"10万，"利"15万，加起来就是总共25万的所有者权益，也是这家企业的净资产。

我们第一章敲黑板的等式大家还记得吗？**资产−负债＝所有者权益。**如果煎饼果子店没有任何负债的话，比如没有向银行借款，这家企业的资产也是25万，而且一定是25万。就好像我可以大胆预测下届世界杯总进球数一定等于总失球数一样。所以煎饼果子店生意越来越好，赚的钱越来越多，属于股东的权益也越来越多。

这里我们做一个进阶的财报分析能力的导入，所有者权益对理解价值投资是一个非常重要的工具。它直接驱动着公司价值，体现在股票上就是股票的价值。如果是一家上市企业的话，所有者权益价值越大，一般来讲，它的股票价值也会越来越高。当然这是在价值投资里面。放在一个相对长的时间里来讲，股票价值越高，并不意味着短期内股票的价格

越高，价值和价格往往不是同向变动，短期内会有相互背离的情况。但是所有者权益越高，公司的价值一般都是越高的，这个是有律可循的。

四、案例实操：小明奶茶坊

我们用三分法讲完了资产负债表，接下来用小明奶茶店的案例来小试一下牛刀。虽然案例简单，但如果能拿出纸笔算一下会更方便理解。

大学快毕业的小明心中一直有开一个奶茶店的梦想。在2019年1月用自己攒下的8万存款注册了一家奶茶店，叫作"小明奶茶坊"。因为奶茶店特色鲜明、经营高效，在激烈的市场竞争下仍取得不错的效益。现在我们就用三分法，一步步来看看小明奶茶坊从无到有、从初建到壮大的一年是如何在资产负债表上体现的。

小明奶茶坊拥有8万的启动资金，聪明的你肯定已经立马将其对号入座放入所有者权益了。我们上面用三分法把所有者权益简单划分为"本"和"利"，这里的8万就是小明作为创始股东投入的本金，等奶茶店开始营业之后利用这部分资金产生的增值或减值即为利。

为了更清楚地记录和描述每一笔金额，在这里先补充增加两个基础知识，会计分录（亦称"记账公式"）和复式记账法。

会计分录是根据复式记账法对某项经济活动标明其应借应贷账户及其金额的记录。在资产类账户中，借方表示增加，贷方表示减少；在负债类账户和所有者权益类账户的结构中，则相反。**"有借必有贷，借贷必相等"**，这句话会在后面不断被验证。

复式记账法的理论依据是我们上面强调过的"资产＝负债＋所有者权益"的会计等式。按照该等式，任何一项经济活动的发生，都会引起资产和负债的至少两个项目增加或所有者权益的减少，而且增减的金额相等。因此，在记录每一项经济活动时，应同时在对应的至少两个账户中登记同一金额。

让我们回到小明的案例上，看看小明奶茶坊目前的会计分录是如何记录当前经济活动的。小明投入 8 万现金，引起资产端货币资金的增加，以及所有者权益端实收资本/股本的增加，则记借：货币资金（资产端借为增加），贷：实收资本/股本（所有者权益中贷为增加）。

科 目	借	贷	备 注
1月			
货币资金	80 000.00		投资
实收资本（或股本）		80 000.00	

小明奶茶坊目前的资产负债表上对应的资产、负债及所有者权益应该是这样的：

单位：元

资　产	2019/1/31	负债和所有者权益	2019/1/31
货币资金	80 000.00	短期借款	—
应收账款	—	应付账款	—
存货	—	预收账款	—
待摊费用	—	应交税费	—
其他流动资产	—	其他流动负债	
流动资产合计	**80 000.00**	**负债合计**	—
固定资产	—	实收资本（或股本）	80 000.00
固定资产-累计折旧	—	资本公积	—
无形资产及其他资产	—	盈余公积	—
长期待摊		未分配利润	—
非流动资产合计	**—**	**所有者权益合计**	**80 000.00**
资产总计	**80 000.00**	**负债和所有者权益合计**	**80 000.00**

　　注意留意这张资产负债表编制的日期，别忘了我们在前面说过，资产负债表是一张静止的照片，是在期末给企业经营状况的一张快照。

　　之后小明就开始细化自己奶茶店的商业计划书了。保守的小明盘算完所有成本费用以及相关的风险之后，又向银行贷款5万。幸运的是，他申请到了大学生创业无息贷款。反映到资产负债表上，资产中货币资金增加了5万元的同时，负债里短期借款也增加了5万元。分录中则记借：货币资金，贷：短期借款。记得用恒等式计算查验一下。

科　目	借	贷	备　注
2月			
货币资金	50 000.00		借款
短期借款		50 000.00	

2月份的资产负债表则如下：

资　产	2019/2/28	负债和所有者权益	2019/2/28
货币资金	130 000.00	短期借款	50 000.00
其他应收款	—	应付账款	—
存货	—	预收账款	—
待摊费用	—	应交税费	—
其他流动资产		其他流动负债	
流动资产合计	130 000.00	负债合计	50 000.00
固定资产	—	实收资本（或股本）	80 000.00
固定资产-累计折旧	—	资本公积	—
无形资产及其他资产	—	盈余公积	—

（续表）

资　产	2019/2/28	负债和所有者权益	2019/2/28
长期待摊	—	未分配利润	—
非流动资产合计	—	所有者权益合计	80 000.00
资产总计	130 000.00	负债和所有者权益合计	130 000.00

等资本金到位了，小明3月份开始做开业前准备了：

1. 买设备花了2万。

2. 简单的装修和添置基础家具花了1万。

3. 装修期间水电费400元。

4. 在还不错的地段租了个店面，月租金7 000元，押一付三一共花了28 000元。

所有支出都用现金一次性支付，一共58 400元。高效的小明一个月内筹备好了一切。

让我们用三分法看看上面的活动在资产负债表是怎么变化的。上面的4项经济活动都是现金支出。很显然，在**资产端**会减少相应数额的货币资金。联想到资产负债表的恒等式，相同数额的变化，一定会体现在其他资产、**负债**或者**所有者权益**相对应的项目中。设备和装修属于长期资产，可使用1年以上。因此随着货币资金减少3万，固定资产同时增加3万。并且和其他固定资产一样，需要在后续月份中考虑折旧。设备及装修在分录中应记借：固定资产，贷：货币资金。此外，租金和水电费加起来一共减少了货币资金28 400元，但为什么除了其他应收款增加了7 000元之外，并没有引起其他资产或者负债的变化呢？那是因为这两个项目租金和水电（包括后面的广告费、奶茶店员工工资）都归属于利润表的管理费用。我们在利润表章节中会作进一步地说明。在资产负债表中直接体现为未分配利润的减损。而房租中的押金7 000元，因为最终会退还给奶茶坊，这部分花销则进入了**其他应收款**。那这部分要如何做分录呢？

1. 房租28 000元中，7 000元押金为其他应收款，21 000元为实缴的3个月房租，因此借：其他应收款7 000，借：待摊费用21 000，贷：货币资金28 000。而3月的房租7 000元，则体现为借：管理费用7 000，贷：待摊费用7 000。此处仍然印证着"借贷必相等"的原理。

2. 水电费借：管理费用400，贷：货币资金400。

3. 结转上述利润表科目的分录到资产负债表，借：未分配利润7 400，贷：管理费用7 400。

科目	借	贷	备 注
3月			
固定资产	30 000.00		购买固定资产
货币资金		30 000.00	
其他应收款	7 000.00		支付3—5月房租

（续表）

科目	借	贷	备 注
待摊费用	21 000.00		
货币资金		28 000.00	
管理费用	7 000.00		房租
待摊费用		7 000.00	
管理费用	400.00		水电费
货币资金		400.00	
未分配利润	7 400.00		结转3月份利润到未分配利润
管理费用		7 400.00	

3月份的资产负债表见下表：

单位：元

资　产	2019/3/31	负债和所有者权益	2019/3/31
货币资金	71 600.00	短期借款	50 000.00
其他应收款	7 000.00	应付账款	—
存货	—	预收账款	—
待摊费用	14 000.00	应交税费	—
其他流动资产	—	其他流动负债	
流动资产合计	**92 600.00**	**负债合计**	**50 000.00**
固定资产	30 000.00	实收资本（或股本）	80 000.00
固定资产-累计折旧	—	资本公积	—

（续表）

资　　产	2019/3/31	负债和所有者权益	2019/3/31
无形资产及其他资产	—	盈余公积	—
长期待摊	—	未分配利润	7 400.00
非流动资产合计	30 000.00	所有者权益合计	72 600.00
资产总计	122 600.00	负债和所有者权益合计	122 600.00

　　到这时，小明奶茶坊万事俱备，只差原料了。为了最大程度减少浪费并保持食材的新鲜，小明在开业前一天精心采购了珍珠粉圆、牛奶、茶叶、纸杯等原料，花费13 500元。我们在上面已经说过，存货指的是用来制造生产产品的原材料，为了轻松将这13 500元在资产负债表中对号入座，我们先来看一下这一项分录怎么写。在资产端货币资金减少，存货相应增加，则记借：存货13 500元，贷：货币资金13 500元。

科　　目	借	贷	备　　注
存货	13 500.00		购买原材料
货币资金		13 500.00	

　　接下去就是小明奶茶坊红红火火开门迎客的第一个月了。因为准备充分，运营高效，店员热情，奶茶坊一开业就生意兴隆，一个月卖出4 400杯奶茶，平均每杯定价16元，获得

70 400元收入。采购的13 500元的存货几乎全部消耗掉，只剩余了300元。在此，我们可以轻易算出，小明奶茶坊单杯毛利13元，毛利率81%［单杯毛利=总毛利/杯数=（总收入－总成本）/杯数=（70 400－13 200）/4 400=13；毛利率=13/16≈81%］。

奶茶坊4月又发生了哪些经济活动呢？具体事项及对应分录所列如下：

1. 销售奶茶获得现金收入70 400元，资产端借：货币资金70 400，贷：营业收入70 400。

2. 购买原料，增加存货13 500元，资产端借：存货13 500，贷：货币资金13 500；制作奶茶消耗存货13 200元，即生产奶茶所花费的成本13 200元，资产端借：营业成本13 200，贷：存货13 200。检查一下，"有借就有贷，借贷必相等"。

3. 水电费花费了1 000元，借：管理费用1 000，贷：货币资金1 000。

4. 员工工资支付了8 000元，借：管理费用8 000，贷：货币资金8 000。

5. 别忘了我们上面说过，3月份购买的固定资产从4月份开始需要计算折旧。我们简单选用"年限平均法"，按照使用寿命3年，预计净残值为0元来平摊计算折旧［（原值－预计净残值）/预计使用寿命=年折旧额］，每月需分摊折旧费用833元。因此至4月份，账上就产生了833元的折旧费用。此处与水电和工资一样，我们简单化处理，不参考一般生产车间的模式（一般生产性产生的相关折旧水电和人工等均属于制造费用，等到月底结转到成本），将其折旧费用归属于管理费用，因此借：管理费用833，贷：固定资产−累计折旧833。

此时，细心的读者会发现，资产负债表中左边总数比右边多了40 367元，两边并不相等。我们不妨用三分法来检查一下是哪里出了问题。可以看到，我们上面所有的分录都只涉及了资产端，那么负债和所有者权益是否产生了变化呢？奶茶店四月并无借款、还款、应付等负债，那一定是所有者权益这一重中之重被我们忽视了。小明开奶茶店最终是为了赚钱，到底是赚钱还是亏损，就体现在所有者权益的未分配利润中。本章前面部分说过，**未分配利润**指的是在经过企业的经营之后，资本产生的增值或者是减值。此外，管理费用在资产负债表的体现还表现在未分配利润中。那么，奶茶坊的收入在减去所有成本花销之后是什么情况呢，让我们把遗漏的这部分分录加上：

6. 4月奶茶坊未分配利润＝收入−水电费−员工工资−房租−原料费−折旧＝收入−管理费用−营业成本＝40 367，因此分录记借：营业收入70 400，贷：营业成本13 200，贷：管理费用16 833，贷：未分配利润40 367（负债所有者权益端与资产端相反，借为减少，贷为增加），检查一下，借贷相等。

科 目	借	贷	备 注
4月			
管理费用	833.00		固定资产折旧
固定资产－累计折旧		833.00	
管理费用	7 000.00		房租
待摊费用		7 000.00	
存货	13 500.00		购买原材料
货币资金		13 500.00	
管理费用	1 000.00		水电费
货币资金		1 000.00	
管理费用	8 000.00		工资
货币资金		8 000.00	
货币资金	70 400.00		销售奶茶
营业收入		70 400.00	
营业成本	13 200.00		结转销售奶茶的成本
存货		13 200.00	
营业收入	70 400.00		结转4月份利润到未分配利润
营业成本		13 200.00	
管理费用		16 833.00	
未分配利润		40 367.00	

由此可见，奶茶坊营业第一个月就净赚40 367元，不仅抵消了上个月负7 400元的未分配利润减值，还赚钱了。让我们

来看看截至4月30日奶茶坊的资产负债表。

单位：元

资　　产	2019/4/30	负债和所有者权益	2019/4/30
货币资金	119 500.00	短期借款	50 000.00
其他应收款	7 000.00	应付账款	—
存货	300.00	预收账款	—
待摊费用	7 000.00	应交税费	—
其他流动资产	—	其他流动负债	—
流动资产合计	**133 800.00**	**负债合计**	**50 000.00**
固定资产	30 000.00	实收资本（或股本）	80 000.00
固定资产–累计折旧	833.00	资本公积	—
无形资产及其他资产	—	盈余公积	—
长期待摊	—	未分配利润	32 967.00
非流动资产合计	**29 167.00**	**所有者权益合计**	**112 967.00**
资产总计	**162 967.00**	**负债和所有者权益合计**	**162 967.00**

　　此时，小明奶茶坊的流动资产中已经有了货币资金、其他应收款、存货、待摊费用四项，使用**三分法按照流动性递减的顺序来排列**，其他应收款只要能收回来钱就能变现，因此排列在需要先变成应收账款之后才能变成现金的存货（如分录所示）前面，货币资金和待摊的排列顺序则显而易见。

好的开始是成功的一半，小明奶茶坊营业第一个月就实现了盈利，于是他的好朋友小光死缠烂打要加入，投资了2万。要不是好朋友，要不是死缠烂打，奶茶坊这个时候现金充足，如果你是小明应该也不会轻易答应和别人分一杯羹吧。到这里，我们要补充一个新的概念，那就是这2万需记入的**资本公积**。资本公积是指企业收到的超出注册资本的份额，是所有者权益的重要组成部分，它通常会直接导致企业净资产的增加。那为什么这部分投资不直接加入到股本里呢？显然，小光现在投资奶茶店和一开始投资所承担的风险是不一样的，奶茶店的价值也发生了变化，因此能享受到的权益肯定也不一样。为了聚焦，我们暂且看在小光和小明关系好的份上不考虑奶茶店资产增值的影响，将小光的股权占比直接算作2万，除以总资本10万，也就是20%。那这2万资本公积要怎么记分录？相对应，记借：货币资金20 000，贷：资本公积20 000。

科　目	借	贷	备　注
货币资金	20 000.00		
资本公积		20 000.00	朋友投资

后面几个月奶茶店的销售业绩证明了小光上船很及时，5月份到9月份奶茶店生意一直很稳定，每个月毛利润都保持与4月一致，高达81%，因此小明在6月份就还了贷款。还贷如何记

分录呢？显然，短期借款减少，则记借：短期贷款 50 000（负债端借为减少），货币资金减少，记贷：货币资金 50 000（资产端贷为减少）。

科目	借	贷	备注		贷
短期借款	50 000.00		还贷款		
货币资金		50 000.00		银行还款	50 000.00

在这段时间内，奶茶坊平均每个月奶茶销售收入 72 000 元，原材料花费 13 500 元，水电稳定在 1 000 元一个月，房租除了 5 月份需要一次性支付 6—8 月的费用之外，其他月份只需按月分摊。此外，每个月还有 833 元固定资产折旧。这段时间除了资本公积和还款之外，并无新的经济活动出现，因此让我们直接对照分录来看一下小明奶茶坊 2019 年 5—9 月的资产负债表。

科目	借	贷	备 注
5月			
管理费用	833.00		固定资产折旧
固定资产–累计折旧		833.00	
货币资金	20 000.00		
资本公积		20 000.00	朋友投资
管理费用	7 000.00		房租

（续表）

科目	借	贷	备　注
待摊费用		7 000.00	
待摊费用	21 000.00		支付6—8月房租
货币资金		21 000.00	
管理费用	8 000.00		5月工资计提
货币资金		8 000.00	
管理费用	1 000.00		5月水电费
货币资金		1 000.00	
存货	13 200.00		5月原材料购买
货币资金		13 200.00	
货币资金	72 000.00		5月销售奶茶4 500杯
营业收入		72 000.00	
营业成本	13 500.00		结转销售成本
存货		13 500.00	
营业收入	72 000.00		
未分配利润		41 667.00	结转5月份利润到未分配利润
营业成本		13 500.00	
管理费用		16 833.00	

科目	借	贷	备　注
6月			
管理费用	833.00		固定资产折旧
固定资产－累计折旧		833.00	

（续表）

科目	借	贷	备　注
管理费用	7 000.00		房租
待摊费用		7 000.00	
管理费用	8 000.00		6月工资计提
货币资金		8 000.00	
管理费用	1 000.00		6月水电费
货币资金		1 000.00	
存货	13 500.00		6月原材料购买
货币资金		13 500.00	
货币资金	72 000.00		6月营业收入
营业收入		72 000.00	
营业成本	13 500.00		6月营业成本
存货		13 500.00	
短期借款	50 000.00		还贷款
货币资金		50 000.00	
营业收入	72 000.00		
未分配利润		41 667.00	结转6月份利润到未分配利润
营业成本		13 500.00	
管理费用		16 833.00	

科目	借	贷	备　注
		7月	
管理费用	833.00		固定资产折旧

（续表）

科目	借	贷	备　注
固定资产– 累计折旧		833.00	
管理费用	7 000.00		房租
待摊费用		7 000.00	
管理费用	8 000.00		7月工资计提
货币资金		8 000.00	
管理费用	1 000.00		7月水电费
货币资金		1 000.00	
存货	13 500.00		7月原材料购买
货币资金		13 500.00	
货币资金	72 000.00		7月营业收入
营业收入		72 000.00	
营业成本	13 500.00		7月营业成本
存货		13 500.00	
营业收入	72 000.00		
未分配利润		41 667.00	结转7月份利润到未分配利润
营业成本		13 500.00	
管理费用		16 833.00	

科目	借	贷	备　注
		8月	
管理费用	833.00		固定资产折旧

（续表）

科目	借	贷	备　注
固定资产-累计折旧		833.00	
管理费用	7 000.00		房租
待摊费用		7 000.00	
待摊费用	21 000.00		支付9—11月房租
货币资金		21 000.00	
管理费用	8 000.00		8月工资计提
货币资金		8 000.00	
管理费用	1 000.00		8月水电费
货币资金		1 000.00	
存货	13 500.00		8月原材料购买
货币资金		13 500.00	
货币资金	72 000.00		8月营业收入
营业收入		72 000.00	
营业成本	13 500.00		8月营业成本
存货		13 500.00	
营业收入	72 000.00		
未分配利润		41 667.00	结转8月份利润到未分配利润
营业成本		13 500.00	
管理费用		16 833.00	

科 目	借	贷	备 注
9月			
管理费用	833.00		固定资产折旧
固定资产－累计折旧		833.00	
管理费用	7 000.00		房租
待摊费用		7 000.00	
管理费用	8 000.00		9月工资计提
货币资金		8 000.00	
管理费用	1 000.00		9月水电费
货币资金		1 000.00	
存货	13 500.00		9月原材料购买
货币资金		13 500.00	
货币资金	72 000.00		9月营业收入
营业收入		72 000.00	
营业成本	13 500.00		9月营业成本
存货		13 500.00	
营业收入	72 000.00		
未分配利润		41 667.00	结转9月份利润到未分配利润
营业成本		13 500.00	
管理费用		16 833.00	

上面表格中可以看到，截至9月30日，奶茶坊净赚超24万，且无负债。小明及合伙人小光决定复制成功模式扩大经营

资　产	2019/5/31	2019/6/30	2019/7/31	2019/8/31	2019/9/30
货币资金	168 300.00	167 800.00	217 300.00	245 800.00	295 300.00
应收账款	7 000.00	7 000.00	7 000.00	7 000.00	7 000.00
存货	—	—	—	—	—
待摊费用	21 000.00	14 000.00	7 000.00	21 000.00	14 000.00
其他流动资产	—	—	—	—	—
流动资产合计	**196 300.00**	**188 800.00**	**231 300.00**	**273 800.00**	**316 300.00**
固定资产	30 000.00	30 000.00	30 000.00	30 000.00	30 000.00
固定资产－累计折旧	1 666.00	2 499.00	3 332.00	4 165.00	4 998.00
无形资产及其他资产	—	—	—	—	—
长期待摊	—	—	—	—	—
非流动资产合计	**28 334.00**	**27 501.00**	**26 668.00**	**25 835.00**	**25 002.00**
资产总计	**224 634.00**	**216 301.00**	**257 968.00**	**299 635.00**	**341 302.00**

（续表）

负债和所有者权益	2019/5/31	2019/6/30	2019/7/31	2019/8/31	2019/9/30
短期借款	50 000.00	—	—	—	—
应付账款	—	—	—	—	—
预收账款	—	—	—	—	—
应交税费	—	—	—	—	—
其他流动负债	—	—	—	—	—
负债合计	50 000.00				
实收资本（或股本）	80 000.00	80 000.00	80 000.00	80 000.00	80 000.00
资本公积	20 000.00	20 000.00	20 000.00	20 000.00	20 000.00
盈余公积	—	—	—	—	—
未分配利润	74 634.00	116 301.00	157 968.00	199 635.00	241 302.00
所有者权益合计	174 634.00	216 301.00	257 968.00	299 635.00	341 302.00
负债和所有者权益合计	224 634.00	216 301.00	257 968.00	299 635.00	341 302.00

规模，在附近区域类似的地段、用相同的配置增开2家新店，新店经过一个月的筹备，于11月30日正式营业。装修期间（10月），两家新店装修和设备等一共花费60 000元，水电费800元，房租押一付三两家店一共56 000元，其中14 000元押金进入其他应收款，其余现金支付并在后续月份中摊销。老店运营稳定，每个月的收入与花销与前几个月无差。

科目	借	贷	备　注
10月			
管理费用	833.00		固定资产折旧
固定资产－累计折旧		833.00	
固定资产	60 000.00		两家新店装修及设备等
货币资金		60 000.00	
管理费用	7 000.00		
待摊费用		7 000.00	
其他应收款	14 000.00		新店10—12月房租
待摊费用	42 000.00		
货币资金		56 000.00	
管理费用	14 000.00		10月房租
待摊费用		14 000.00	
管理费用	8 000.00		10月工资
货币资金		8 000.00	
管理费用	1 800.00		10月水电

（续表）

科目	借	贷	备 注
货币资金		1 800.00	
存货	13 500.00		10月运营成本，原材料成本
货币资金		13 500.00	
货币资金	72 000.00		10月运营收入
营业收入		72 000.00	
营业成本	13 500.00		结转销售成本
存货		13 500.00	
营业收入	72 000.00		
未分配利润		26 867.00	结转10月份利润到未分配利润
营业成本		13 500.00	
管理费用		31 633.00	

单位：元

资　产	2019/10/31	负债和所有者权益	2019/10/31
货币资金	228 000.00	短期借款	—
其他应收款	21 000.00	应付账款	—
存货	—	预收账款	
待摊费用	35 000.00	应交税费	
其他流动资产	—	其他流动负债	—
流动资产合计	284 000.00	负债合计	—
固定资产	90 000.00	实收资本（或股本）	80 000.00

（续表）

资　产	2019/10/31	负债和所有者权益	2019/10/31
固定资产–累计折旧	5 831.00	资本公积	20 000.00
无形资产及其他资产	—	盈余公积	—
长期待摊	—	未分配利润	268 169.00
非流动资产合计	84 169.00	所有者权益合计	368 169.00
资产总计	368 169.00	负债和所有者权益合计	368 169.00

　　因为担心新店销量，新店开业后前三天，小明请了兼职在附近路口超市发宣传页，共花费10 000元。**广告费用**属于利润表中的销售费用，因此在分录中记借：销售费用，贷：货币资金，别忘了之后还要出现到未分配利润中。

科　目	借	贷	备　注
销售费用	10 000.00		兼职传单
货币资金		10 000.00	

　　广告后效果不错，从11月开始，每家店每日平均销量160杯，连带老店每日销量也比原来提升10杯，因此11月收入230 400元，12月收入238 080元。与此同时，因为采购量变大，12月开始奶茶坊固定了原材料供应商，获得30天的付款

期限。因此原料成本11月43 200元，现金付款，12月44 640
现金未减少，记入**应付账款**。需要注意的是，原料未制作成奶
茶时作为存货体现在资产负债表中，即借：存货，贷：货币资
金；奶茶销售出去以后，原材料正式从存货转化为付出的营业
成本，即借：营业成本，贷：存货；待下个月付款期限到之日，
才真正体现为货币资金的减少，即借：应付账款，贷：货币
资金。

科　目	借	贷	备　注
2019年12月			
存货	44 640.00		供应商付款期限增加30天
应付账款		44 640.00	
营业成本	44 640.00		
存货		44 640.00	
2020年1月			
应付账款	44 640.00		到期向供应商付款
货币资金		44 640.00	

　　11月、12月工资及水电费仍然分别为每家店每月8 000元、
1 000元。

　　到这里，细心的朋友可能会疑惑，小明奶茶坊开到现在，
好像还没交过税。确实，为了更清楚地帮助大家理解资产负债
表中的各个重点概念，书中尽量按不同阶段先后出现新的概念。

我们假设小明奶茶坊12月申报全年的所得税134 452.75元，表现在资产负债表中则是应交税费134 452.75元，分录中借：所得税（体现在利润表中），贷：应交税费，待第二年实际缴税才会产生货币资金的减少，即借：应交税费，贷：货币资金。

11月开始小明奶茶坊3家店同时经营，情况相对复杂，为了更好地帮助理解，我们来罗列一下这两个月发生的经济活动及其分录，用三分法的思路来制作相对应的资产负债表并作恒等式检验。

1. 11月奶茶店收入230 400元，借：货币资金，贷：营业收入。

2. 11月原料成本43 200元，奶茶未销售时，借：存货，贷：货币资金；奶茶销售后，借：营业成本，贷：存货。

3. 11月第一家店到了支付12—2月房租的时候，因此现金支付21 000元，分后面三个月待摊，即分录为借：货币资金，贷：待摊费用；此外，还需3家店当月房租共21 000元，即借：管理费用，贷：待摊费用。

4. 11月3家店支付工资共24 000元，借：管理费用，贷：货币资金。

5. 11月3家店支付水电费共3 000元，借：管理费用，贷：货币资金。

6. 11月3家店固定资产折旧共2 499元，借：管理费用，贷：固定资产–累计折旧。

7. 11月广告费用共10 000元，借：营业费用，贷：货币资金。

8. 11月未分配利润为收入–管理费用–营销费用–营业成本＝126 701元，借：营业收入230 400，贷：管理费用50 499，贷：营业成本43 200，贷：销售费用10 000。

科目	借	贷	备 注
11月			
管理费用	2 499.00		三家店合计固定资产折旧
固定资产–累计折旧		2 499.00	
管理费用	21 000.00		房租
待摊费用		21 000.00	
待摊费用	21 000.00		店1支付12—2月房租
货币资金		21 000.00	
管理费用	24 000.00		三家店合计工资
货币资金		24 000.00	
管理费用	3 000.00		三家店合计水电费
货币资金		3 000.00	
存货	43 200.00		三家店合计原料成本
货币资金		43 200.00	
货币资金	230 400.00		三家店11月营业收入，广告后销量从单店150杯/天，增加到160杯/天

（续表）

科目	借	贷	备　注
营业收入		230 400.00	
营业成本	43 200.00		三家店11月营业成本
存货		43 200.00	
销售费用	10 000.00		兼职传单
货币资金		10 000.00	
营业收入	230 400.00		
未分配利润		126 701.00	结转11月份利润到未分配利润
营业成本		43 200.00	
管理费用		50 499.00	
销售费用		10 000.00	

　　用三分法继续计算一下，截至11月30日，小明奶茶坊资产总计为494 870元，负债为0元，所有者权益为494 870元，满足资产−负债＝所有者权益。

单位：元

资　　产	2019/11/30	负债和所有者权益	2019/11/30
货币资金	357 200.00	短期借款	—
其他应收款	21 000.00	应付账款	—
存货	—	预收账款	—
待摊费用	35 000.00	应交税费	—

（续表）

资　　产	2019/11/30	负债和所有者权益	2019/11/30
其他流动资产	—	其他流动负债	—
流动资产合计	413 200.00	**负债合计**	—
固定资产	90 000.00	实收资本 （或股本）	80 000.00
固定资产– 累计折旧	8 330.00	资本公积	20 000.00
无形资产及其他 资产	—	盈余公积	—
长期待摊	—	未分配利润	394 870.00
非流动资产合计	81 670.00	**所有者权益合计**	494 870.00
资产总计	494 870.00	**负债和所有者 权益合计**	494 870.00

小明奶茶坊12月经济活动及其分录：

1. 12月奶茶店收入238 080元，借：货币资金，贷：营业收入。

2. 12月原料成本44 640元，奶茶未销售时，借：存货，贷：应付账款；奶茶销售后，借：营业成本，贷：存货。

3. 12月3家店当月房租共21 000元，即借：管理费用，贷：待摊费用。

4. 12月3家店支付工资共24 000元，借：管理费用，贷：货币资金。

5. 12月3家店支付水电费共3 000元，借：管理费用，贷：货币资金。

6. 12月3家店固定资产折旧共2 499元，借：管理费用，贷：固定资产–累计折旧。

7. 12月申报全年税费134 452.75元，借：所得税，贷：应交税费。

8. 12月未分配利润为收入–管理费用–营业成本–所得税＝8 488.25元，借：营业收入238 080，贷：管理费用50 499，贷：营业成本44 640，贷：未分配利润8 488.25，贷：所得税134 452.75。

科目	借	贷	备　注
12月			
管理费用	2 499.00		三家店合计固定资产折旧
固定资产–累计折旧		2 499.00	
管理费用	21 000.00		三家店12月房租
待摊费用		21 000.00	
管理费用	24 000.00		三家店合计工资
货币资金		24 000.00	
管理费用	3 000.00		三家店合计水电费
货币资金		3 000.00	

（续表）

科目	借	贷	备 注
存货	44 640.00		原料成本，供应商付款期限增加30天
应付账款		44 640.00	
货币资金	238 080.00		三家店12月营业收入，广告后销量从单店150杯/天，增加到160杯/天
营业收入		238 080.00	
营业成本	44 640.00		三家店12月营业成本
存货		44 640.00	
所得税	134 452.75		
应交税费		134 452.75	
营业收入	238 080.00		
未分配利润		8 488.25	结转12月份利润到未分配利润
所得税		134 452.75	
营业成本		44 640.00	
管理费用		50 499.00	

　　同样，用三分法检验一下，截至12月31日，小明奶茶坊资产总计为682 451元，负债为179 092.75元，所有者权益为503 358元，满足资产－负债＝所有者权益。同时，根据本章前面部分三分法所讲述，按照流动性排列，短期借款、应付账款、应交税费三者流动性依次增强。

单位：元

资　产	2019/12/31	负债和所有者权益	2019/12/31
货币资金	568 280.00	短期借款	—
其他应收款	21 000.00	应付账款	44 640.00
存货	—	预收账款	—
待摊费用	14 000.00	应交税费	134 452.75
其他流动资产	—	其他流动负债	—
流动资产合计	603 280.00	负债合计	179 092.75
固定资产	90 000.00	实收资本（或股本）	80 000.00
固定资产–累计折旧	10 829.00	资本公积	20 000.00
无形资产及其他资产	—	盈余公积	—
长期待摊	—	未分配利润	403 358.25
非流动资产合计	79 171.00	所有者权益合计	503 358.25
资产总计	682 451.00	负债和所有者权益合计	682 451.00

小明奶茶坊从无到有并壮大起来，截至12月31日，已经净赚了40.3万余元，效益相当好了。我们不妨再用前面学到的资产负债率和流动比率来验证下，运营是否健康。资产负债率为总负债179 092.45元除以总资产682 451.00的比率，等于26.2%；流动比率为流动资产603 280除以179 092.75的比率，即3.37。可以看出奶茶坊杠杆水平低，流动性好，未来小明可

以考虑适当利用杠杆继续扩大规模。

五、本章小结

1. 本章我们学了资产负债表，资产负债表的三个关键要素是：资产、负债、所有者权益。而且这三者是通过一个重要的等式，资产–负债＝所有者权益，连接起来的。

2. 我们再进一步用三分法去切分资产、负债跟所有者权益的时候，还介绍了一个很重要的概念，即流动性。无论是资产还是负债，都可以按照流动性进行划分。

3. 学习了所有者权益，也就是所谓的净资产，它是由"本"和"利"构成的，所有者权益的价值往往是公司价值的重要体现，但是它跟股票价格不一定成正比。

4. 我们也学习和实操了会计分录和复式记账法，了解了第二个万能恒等式：有借必有贷，借贷必相等。

用三分法对资产负债表的主要内容和关键要素做了梳理之后，希望大家能够在阅读一份财报的时候对资产负债表几个关键的要素有快速的把握。下一章，我们会继续带领大家深入了解企业的第二张表，也是一个"视频"类的表，就是利润表。

最后也给大家解答一下，前面出的那道思考题，耐克它自己的品牌，尤其是那个著名的"钩子"在资产负债表上应该列示在哪里？是在无形资产里吗？答案是没有列示在它的资产负债表上面。根据会计准则，企业内部产生的品牌和商标是不可以资产化的，换句话讲就是不可以记载在资产负债表上，有兴趣的同学可以去理解一下为什么。

第三章
财报三张表之利润表

在上一章中，我们介绍了财报的第一张表——资产负债表。本章我们继续用三分法的框架来解析财报的第二张表——利润表。

所谓利润表，就是反映企业一段时间当中的经营成果的财务报表，收入、成本和利润都在利润表当中，这三个元素也可以说是财报的重中之重。重要到什么地步呢？我们都知道，很多投资人在投资一家企业之前，会要求去做一个财务尽调。他们在拿财务数据的时候，往往一定会要求先要有利润表，即使被投企业的财务比较薄弱，资产负债表和现金流量表暂时还无法提供，利润表是一定要有的。我们都知道，企业经营的目的就是"赚钱"，一家公司到底是赚钱还是亏钱，也就是所谓的盈亏情况怎么样，通过利润表就可以一目了然，找到答案。

我们同样运用三分法，先找到利润表的三个要素，它们就是收入、营业利润和净利润。

一、净利润

先从大家熟悉的净利润说起。

净利润是利润表最核心的内容，它反映了一家公司在一段期间，年度或者季度到底买卖做得怎么样，**除去成本、费用，到底净赚了多少钱，所以净利润是整个利润表的一个结果，所以往往也是最后一行。**净利润和许多财务指标直接挂钩，比如：净利率、净资产收益率（ROE）、总资产收益率（ROA）、投入资本回报率（ROIC）等，都是以净利润作为分子算出来的指标，可以从不同的维度衡量企业的盈利能力。

与净利润相关的指标当中，我相信有一个大家耳熟能详的指标，就叫作市盈率，在股市高歌狂飙的那段时间，甚至有人把它叫作"市梦率"，梦有多大，股价就有多高。

市盈率的经典定义，是叫作 Price Earning Ratio，或者叫 P/E Ratio，是最常用来评估股价水平的合理指标。很简单，P 代表股价，E 代表利润，换句话说市盈率就是公司的市值除以净利润。比如说苹果的市值是一万亿美金，净利润是 500 亿美金，那么它的市盈率 P/E 倍数就是 20 倍。

在这里想给大家留一个思考题：有人说一支股票市盈率越低越好，因为市盈率越低估值也就低，未来上涨的空间就越大，

你同意这个看法吗？

我们继续回到净利润的内容来。有的读者也许会问，如果净利润为负的时候，刚才提到的这些指标还成立吗？市场上的确会存在这么一个情况，有的公司有一定的市值，**但是净利润为负，这时候市盈率这个指标就不一定适用。其实当净利润为负的时候，我们一般会采用其他的财务指标进行分析，比如说市销率，拿市值除以公司的主营业务收入。**

有个小窍门要跟大家分享一下，我们知道有很多很多的财务指标，可能大家记都记不过来。净利润又恰恰是很多财务指标的分子；分母不变，分子越大，那这个财务指标的分数就越大。所以说净利润是财务造假或者是粉饰的重灾区，因为它会使很多的比率变得好看。

粉饰过的净利润，你可以把它想象成一个网红，通过化妆美颜之后肤白貌美像大明星，但卸妆之后可能平凡到都不像同一个人。所以，我们看财报的时候，尤其是看净利润的时候，也得剥去层层的数据美化，看到它素颜真实的样子，才能为我们的投资提供准确依据。

二、营业利润

要想洞察净利润的真实面目，我们首先要清楚它的构成。三分法的精髓在于时刻抓住关键的维度，毫不放松。我们在分析净利润的时候，要紧紧抓住这个关键维度，主营业务。换句话说，我们必须要能够判断净利润是不是由企业的可以持续的主营业务所贡献的。如果是，那就是由主营业务贡献的净利润，在财报上就会被列示成为营业利润，打个比方说咖啡店的主营业务收入就一定是来自咖啡的销售。如果说咖啡店的收入来自于出售固定资产，产生的利润就不叫营业利润，而叫作营业外利润，它就没有办法反映一家企业的主营业务的盈利能力。营业外利润一般包括什么呢？包括政府补贴，变卖资产的一些收益，投资收益，资产减值损失等等，它们都有一个共同的特点，是不可持续的，所以它还有一个名字，叫作非经常性损益。大家也许听说过一个词，在分析财报的时候会有个指标，叫作扣非净利润。什么叫扣非呢？就是扣除了非经常性损益的一些净利润的数字，换句话讲，也就是我们所说的屏蔽了噪声的影响。讲到主营业务或者说营业内利润，我们继续用三分法来解析，它可以被切割成为三个要素：**收入、成本和费用。**

三、收入

收入非常好理解，其实就是销售所得的钱。以咖啡店为例，一天卖出了100杯咖啡，每杯10块钱，10乘以100，1 000块就是当天的收入，而且是主营业务收入。成本也很好理解，每杯咖啡当中所需的咖啡豆、咖啡杯、杯盖等等都是成本。我们这里也记一下，它跟费用有一个重大的区别就是，成本是与收入直接挂钩的，而且一般情况下有一一对应的关系。

有了收入，也有了成本，就可以引出另外一个非常重要的概念，我敲一下黑板，这个重要的概念叫作毛利。这里的毛利是指收入减去成本，那毛利率呢？就是毛利除以收入。很多人都用苹果手机，我们看一下苹果手机的毛利率，连续几年都维持在40%的高位。对于一家制造型的企业来说，这个毛利已经非常高了，它每花6毛钱的成本，就有1块钱的销售收入，这个盈利能力真的是非常的强大。而享受高毛利的企业，我们也发现了一个特点，一般来说都是行业当中的龙头老大，后面我们也会有具体的案例跟大家分析。行业龙头具备品牌优势，所以它具有品牌的溢价，在渠道方面跟供应商方面都有得天独厚的优势。所以比较高的毛利率其实是对企业的市场地位的一个肯定。当然了，除了苹果手机之外，大家也知道，还有一些毛利率比较高的快消和餐饮行业等，也是具备它们的行业特点的。

除了收入与成本之外，还有费用，一般叫作"三费"，**即销售费用、管理费用和财务费用。**费用和成本的区别，我们刚刚也讲过，它可能没有和收入直接挂钩。比如说**销售费用，是指企业用于营销的费用，最常见的就是广告费用。**大家知道，在电视上打了一个广告，不一定立刻会对销量产生一一对应的直接效果，今天打了广告，对销量的提升作用可能要一个月以后才渐渐显示出来，所以销售费用与收入没有直接挂钩的关系。

销售费用也是一个非常关键的指标。大家一定要注意观察，如果销售费用畸形偏高，有的时候占到销售收入的20%甚至以上的话，可能说明两个问题：一是销售费用有一部分处于灰色地带，可能是有一些比较激进的销售手段；另外就是它所处的市场竞争激烈，需要在销售端投入大量财力。比如说快消品，虽然毛利很高，但是有大量的费用是用于打广告的。

管理费用就很好理解了，主要是指行政管理的管理层相关人员的一些工资和费用，租办公室的租金费用等。 这个比较好理解，就不展开了。

第三个费用叫**财务费用，财务费用是特指支付借款的利息和手续费。** 这个费用一般来讲不会独立产生，而是与公司的负债情况相关的。比如说还是咖啡店，做大以后，成了一个咖啡集团，从银行借了1个亿，到期的时候要还1.1个亿，多出来的1 000万就是财务费用或者说利息费用。财务费用是一个非常关键的指标，也是经常容易被忽视的一个指标。如果一家企业的利润情况非常好，但是财务费用相对比较高，侵蚀了净利润的20%甚至30%以上，说明公司的资产负债率应该是比较高的，加的杠杆比较高。所以，大家在看到财务费用比重大或者增长剧烈的时候，要本能地去翻一下资产负债表，看一下负债水平的变化，如果一致的话，至少说明它在整个会计处理和财报记录上是没有问题的，如果财务费用逐年呈现一个非常陡峭的上涨，那有可能代表公司的资金情况尤其是资金链的情况相对恶化，大家一定要注意。那么收入、成本和费用，三者之间是什么关系呢？收入减去成本，再减去费用就得出了公司的营业利润，这是一个非常关键的指标。

四、案例

案例一：小明奶茶坊

让我们继续用小明奶茶坊的案例来巩固一下本章知识。

上一章带大家一步步看了奶茶坊从筹备到壮大的每个阶段的分录和资产负债表，在此基础上其实就不难制作奶茶坊的利润表了。让我们根据上面所说的三分法来填写一下小明奶茶坊2019年12月底的利润表，记得抓住三个关键：净利润、营业利润、收入。

首先是收入，2019年累计收入即奶茶坊从4月开门营业到12月底共9个月的收入总和，在上一章分录中加一加就会得到970 880这个数字。

其次，毫无疑问，奶茶坊一直聚焦卖奶茶这一项主营业务，并无营业外利润，因此经营利润就等于总收入减去营业成本所得。奶茶坊的营业成本就是原料采购成本，在分录中很容易找到并加总，为 182 040 元。简单计算一下小明奶茶坊的毛利，即收入减去营业成本为 788 840 元，同时也能很快地得到毛利率为 81.25%。再看一下奶茶坊的"三费"。因为申请到大学生创业无息贷款，因此没有财务费用，只有管理费用和营业费用。奶茶坊的管理费用包括水电费、房租、工资、固定资产折旧，加总 241 029 元；销售费用为 11 月做广告花费的 10 000 元。到这里，营业利润就呼之欲出了，减一减等于 537 811 元。

最后，我们来算算利润表最核心的内容——净利润，也就是奶茶坊去除一切开销和花费以后，到底净赚了多少钱。除了上面的成本费用之外，别忘了，还有所得税 134 452.75 元，因此净利润等于总收入-营业成本-管理费用-销售费用-所得税，为 403 358.25 元。记性好的朋友看到这个数字可能马上就和资产负债表里未分配利润对上了，是的，在没有向股东分配利润之前，小明奶茶坊第一年未分配利润就等于该年年底的净利润。不过未分配利润是累计的，到了第二年年底，小明奶茶坊 2020 年净利润中的未分配利润部分会继续进入到未分配利润中，因此再说资产负债表中未分配利润和利润表中的净利润相等就不对了，准确的说法是利润表中的一部分利润会被归入资产负债表中的未分配利润项，这也是资产负债和利润表之间最直接的联系。

2019年4月30日—2019年12月31日　　　　　　　单位：元

利　润　表	
项　　目	2019年累计数
一、营业收入	970 880.00
二、营业成本	182 040.00
销售费用	10 000.00
管理费用	241 029.00
财务费用	—
三、营业利润	537 811.00
四、利润总额	537 811.00
减：所得税费用	134 452.75
五、净利润	403 358.25

案例二：瑞幸咖啡案

前文提到，销售费用是一个非常关键的指标。**这里我们可以增加一个实际案例，瑞幸。**最近两年一直处在镁光灯之下的网红公司瑞幸，也在广告费用和营销费用上占据大头，而且在财务造假一案中，广告和销售费用也存在巨大的隐患，正好能

For the Fiscal Period Ending	3 months Q1 Mar-31-2018	3 months Q2 Jun-30-2018	3 months Q3 Sep-30-2018	3 months Q4 Dec-31-2018	12 months Dec-31-2018	3 months Q1 Mar-31-2019	3 months Q2 Jun-30-2019	3 months Q3 Sep-30-2019
Total Revenue	13.0	121.5	240.8	465.4	840.7	478.5	909.1	1,541.6
Sales and Market	54.4	178.1	225.3	288.3	746.0	168.1	390.1	557.7
General and Adm	39.0	74.9	118.3	147.5	379.7	173.0	265.8	246.1
Depreciation & Ar	4.0	15.0	28.9	58.9	106.7	64.0	88.5	108.5
sales	419.9%	146.5%	93.6%	61.9%	88.7%	35.1%	42.9%	36.2%
G&A	301.2%	61.7%	49.1%	31.7%	45.2%	36.1%	29.2%	16.0%
折旧	30.6%	12.3%	12.0%	12.7%	12.7%	17.6%	9.7%	7.0%
补充：获客成本、用户增长								

够作为我们本章"三费"的一个注脚。

如上图所示，利用三分法，**我们看到前期瑞幸的季度营销费用占比畸形偏高**，甚至达到了销售收入的4倍。到最近两个季度相对趋于稳定，但对比传统行业还是非常高，达到36.2%以上。这就是"互联网模式"的典型表现，即需要巨额的广告费用去打市场。这也是瑞幸的"咖啡故事"迎合了资本圈逻辑的原因所在。

我们在后面的实战篇会重点讲解拼多多，新兴的消费平台的商业模式，就是需要利用互联网裂变的方式去拓客。如下图所示，我们能看到在成本这部分结构里面，微信和拼多多的获

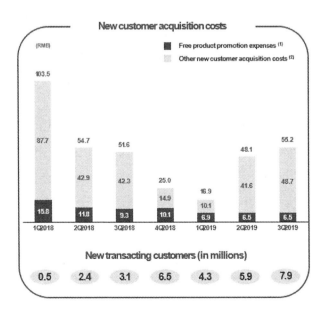

客成本事实上都少于阿里这样的传统电商，也就是说它确实是在拓客模式上面做了一些创新。

因为瑞幸的关注度很高，其实也可以作为一个让我们去深入理解美股上市公司披露材料的案例：譬如，每个季度都会披露季报，而我们在其官网的"IR"页面一般能直接下载到，可以更进一步去理解这些新兴公司在讲什么样的"故事"。

如上图所示，获客成本的计算方法如下：

新用户获取成本＝免费饮品成本＋其他获客成本

其中，免费饮品成本＝免费产品促销费用／新交易客户数量

其他获客成本＝（广告费用＋其他销售和市场营销费用，不包括配送费用）／期内新交易客户的数量

从图中可以看出，免费饮品的成本，基本可以算作是固定成本。而其他获客成本，由于广告和市场营销费用的周期性，可以看作是浮动成本。在2018年，基本遵循一次使用，然后可以摊销到后面3—4个季度。到2019年，基本趋于稳定。

支撑这种模式的关键指标，在于成本能不能随着规模的扩大，而不断降低、被均摊。咖啡这种饮品，对于中国人并非必需品，是否会存在不断扩大的用户群，以及用户群的付费意愿、付费频次，就成为支撑瑞幸模式扩张的关键指标。

如果对应到财务指标上，我们可以去看用户增长、毛利率和净利率的变化是否健康。而要获得这些财务数据，要么就是机构投资者，能够看到瑞幸三方支付的清单；要么就去线下门店，收集每一张单据。

下面，我们同样利用三分法，看看瑞幸的净收入、毛利和净利润三个指标。

For the Fiscal Period Ending (RMB)	Press Release			Press Release					LTM
	3 months Q1 Mar-31-2018	3 months Q2 Jun-30-2018	3 months Q3 Sep-30-2018	3 months Q1 Mar-31-2019	3 months Q2 Jun-30-2019	3 months Q3 Sep-30-2019	12 months Dec-31-2017	12 months Dec-31-2018	12 months Sep-30-2019
Total Revenue	13.0	121.5	240.8	478.5	909.1	1,541.6	0.5	840.7	3,394.6
Cost Of Goods Sold	9.4	75.8	151.6	275.8	465.8	721.1	1.6	532.2	1,758.1
Gross Profit	3.5	45.7	89.2	202.7	443.3	820.5	(1.1)	308.5	1,636.5
Gross Margin	27.3%	37.6%	37.0%	42.4%	48.8%	53.2%	-220.0%	36.7%	48.2%
Selling General & Admin	113.7	352.9	516.1	623.4	1,027.3	1,281.1	98.1	1,702.0	3,851.2
Pre-Opening Costs	11.1	21.3	29.8	22.4	17.2	21.8	11.4	97.8	96.9
EBITDA	-121.21	-328.47	-456.74	-443.11	-601.22	-482.37	-110.60	-1491.32	-2111.60
EBITDA Margin	935.7%	-270.3%	-189.7%	-92.6%	-66.1%	-31.3%	-22120.4%	-177.4%	-62.2%
Operating Income	-125.20	-343.40	-485.60	-527.10	-689.70	-500.90	-112.40	-1598.00	-2451.50
EBIT Margin	-966%	-283%	-202%	-110%	-76%	-38%	-22480%	-190%	-72%

如上图，毛利率的波动非常之大，而在稳定之后达到了42%到53%，事实上非常可观，也继续了瑞幸在资本圈所讲的"咖啡故事"。但净利润还没有得到好转，持续负值。这也就说明，瑞幸还在依靠二级市场的融资，去支持其中国市场的扩张和下一步的战略布局。那么对于投资者来说，瑞幸这种还没盈利的公司，除了看财报，可能还需要更多关注其商业模式及管理层的风格和战略。

对于这些财务数字的质疑，也引发了后来的"浑水做空瑞幸"事件。我们将在最后一章有关财务造假的章节来详细解读。

五、本章小结

本章结束前，我们简单回顾一下主要内容：

1. 用三分法把利润表提炼出营业利润、收入和净利润三个部分。

2. 净利润是利润表最核心的内容，它说明了一家公司在财报期间除去成本到底净赚了多少钱。而且净利润是许多财务指标的一个分子，也是财务造假的重灾区，一定需要仔细地辨别。

3. 营业外利润，是指这部分利润不是由公司的主营业务产生的，无法反映公司核心竞争力，当然它确实还是收入的一部分，但有一次性和不可持续的特点。

4. 主营业务收入，也叫营业利润，分为收入、成本、费用。收入和成本还可以衍生出毛利率，衡量出一家公司的盈利能力，尤其是它的定价能力，而财务费用可以反映出一家公司的杠杆情况。

5. 资产负债表与利润表最直接而明显的联系，就是利润表中的一部分利润可能会被归入资产负债表中的未分配利润。

第四章
财报三张表之现金流量表

本章继续为大家介绍财报第三张表，也是最后一张表，叫现金流量表。

现金流量表，顾名思义，是指企业在一定会计期间现金和现金等价物流入和流出情况的报表。 简单来说，就是一家企业在这期间卖了多少钱、赚了多少钱、花了多少钱。有的读者也许会感到疑惑了，上一章利润表描述的不就是企业卖了多少钱，花了多少钱，赚了多少钱吗？现金流量现在讲的也是同一件事，为什么还需要它呢？

理论上说，**如果一个企业在经营过程中只用现金结算，只接受用现金收钱，并且只花现金，它就是一个纯现金交易的公司，那么是有可能它的现金流量表和利润表传达的是同一个信息，而且两张表会长得完全一样。** 但是，在现实生活当中，连普通人都会用信用卡 / 花呗来付钱，绝大多数企业更不可能完全用现金来当场结算。

与此同时，我们之前也说过，在现代企业中，如果一家公司完全没有杠杆，也不见得是一个好公司。这里又牵涉到运营资本的概念，企业维持正常的运营需要多少资本金，对管理企业的流动性是非常重要的。一般来讲，一名财务总监最重要的任务，就是从供应商这里尽量争取长的账期，晚给钱，从顾客这里，要收钱收得尽量快，这样才能将运营资金占用降到最小。

我们打个比方。在电影中经常可以看到这样的场景，一家小饭馆，有一天来了个恶霸，吃完了不付钱要赊账，然后店主只能喊"我们是小本生意啊……你不能赊账啊。"企业都需要有现金流，这里恶霸的赊账对小饭馆来说可能不只一天两天，是长期积累收不回的应收账款。但是另一头，小饭馆的供应商卖给它米、面、菜，店家是要现金结算的，店小二的工资也要现金结算。所以它花出去的钱是现金流出，但却没有对等的现金流入，这个时候就产生了一个现金流的净流出。

大多数情况下我们所讲的资金流断裂，都是现金流呈现长期的净流出的情况。所以现金流量表其实可以简单地看作是一个描述现金流入或者流出的报告。看到这里，大家应该能把它和利润表区别开来了。

我们继续用"三分法"来分析现金流量表。现金流量表按照企业常见活动的性质分成三个部分：**经营活动现金流、融资**

活动现金流和投资活动现金流。这三部分内容都传达了非常重要的信息，我们一个一个来看。

一、经营活动现金流

经营活动现金流，顾名思义，就是指企业在主营业务的活动中产生或者消耗的现金流。它分为现金流入和流出。

经营活动的现金流入，**其实主要就是销售商品、提供劳务收到的现金。现金流出，就包括购买商品、劳务等支付的现金、支付给员工的现金、支付的税费等。**流入与流出的差额，就是现金流量的净额。

理论上来讲，净利润是正的话，经营性现金流的流量净额也应该为正。但很多时候并不是这样的，因为有种情况就是有很多的非现金收入。什么叫非现金收入？就是记录了会计收入，但是却没有收到现金。就像我们刚刚所讲的例子，应收账款是赊账的情况，就是典型的非现金收入。还有一种情况，就是企业为了经营，屯一些存货，但是暂时还没有销售出去，那么这个时候存货也会占用企业的经营现金流。

所以，我们在分析现金流量表的时候，**要抓住的关键维度就是看经营活动的现金流究竟是净流入还是净流出，**如果说连续几个季度的财报都是净流出的话，那这就是一个相对比较危险的信号，需要更加仔细地分析。

二、融资活动现金流

这些年在"全民创业"的热潮当中，几乎所有的企业都会去融资，大家都比较熟悉的一个词叫"烧钱"。在现金流量表当中，经营性现金流显示持续净流出，就是所谓的"烧钱"，这是一个非常形象的词。最有代表性的烧钱企业就是共享单车，如果有机会看到它们的财报的话，基本可以判断经营性现金流呈现净流出的情况。

在净流出的情况下，有一个口子是在往外不停地"流血"，那么企业要生存下来，就要有一个地方不停地往里输血。**这个输血的现金流就是我们刚刚讲到的三个维度里面的融资活动现金流**。什么叫作融资，简单来说就是向银行或者其他机构借钱，或者通过股权来融钱。

还是举共享单车的例子，如果说这家企业一个季度烧5个亿，账面上一共有10个亿，那算一算它一共只能烧两个季度，但是现在它已经持续烧了好多个季度甚至好几年了，是为什么？因为融资性现金流有净流入，外部的资金A轮，B轮，C轮，D轮，这些股权融资在源源不断地为它提供弹药。所以，当我们看融资性现金流的时候，发现企业有大额的现金净流入，就说明它要么借到了钱，要么用股权进行了融资，保证企业在扩张、在"烧钱"的时候还能活下来。

三、投资活动现金流

讲完了经营活动现金流和融资活动现金流，我们来分析**第三种现金流，投资活动现金流。简单来说就是企业投资或者处置资产活动产生的现金流量**，它可以分为现金流入和现金流出。**现金流出，其实就是对外投资，一般情况下就是企业买地、建厂房等大型的固定资产的购入，或者是收购企业等。现金流入其实就是变卖一些资产所获得的现金。**

有个规律，投资活动比较活跃的企业，相对来说现金流都比较健康。道理很简单，如果现金流已经不健康了，自己活下来都有问题，不可能去投资。一般来说我们还是比较希望看到一个企业有投资性的现金净流出的，因为这说明这家企业：第一，现金流比较健康，比较有底气。第二，企业在战略上也有自己的打法，比如扩张产能，或者有合适的收购标的等。

除了我们刚才讲解的三个现金流，现金流量表当中还有重要的一行，就是当期的现金变动，一般来讲，在现金流量表的倒数第二或者第三行有记录。

什么是当期现金变动呢？就是这个期间，企业的现金变化。对于一家好的企业，我们肯定是希望能够看到现金的净流入的。如果是现金净流出，我第一时间就会去看资产负债表中的货币资金，看账面上还剩多少现金。如果这个余额特别小的话，那这个时候企业能否正常经营要打一个大大的问号。一般来说，现金和短期可以变现的流动资产，要占到资产总额的一个比较健康的比例。

四、案例实操

现在，大家对小明奶茶坊的经济活动和财务情况已经很熟悉了，就差对它的现金流入和流出的情况进行梳理。让我们根据上面的三分法，梳理一下奶茶坊的现金变化分别是属于经营活动现金流、融资活动现金流还是投资活动现金流，最后验证一下小明奶茶坊的流动性及现金状况是否健康。

小明自己投资8万元干起了奶茶生意，觉得不够又向银行贷款5万元，之后朋友小光还投资了2万元，都引起了现金的流入，这15万元属于融资活动现金流。当然，6月份还贷5万，属于融资活动的现金流出。因此，到2019年年底奶茶坊融资活动产生的现金流量净流入为10万元。

小明在开店初期和新店扩张期，先后购置设备等固定资产，产生现金流出，但获得相应资产，属于投资活动。过程中并无卖掉固定资产变现的行为，因此奶茶坊投资活动产生的现金流量净流出为9万元。

此外，经营活动现金流也不难区分，即奶茶坊在主营业务活动中产生或者消耗的现金流。到2019年年底销售奶茶获得的总收入，也就是我们在上一章利润表中已经计算过的970 880元，为经营活动产生的现金流入。与此同时，采购原料花费的137 400元（不包括12月应付）、支付的员工薪酬104 000元，以及水电费和11月的广告费一共171 200元，都属于奶茶坊经营活动中产生的现金流出。因为所得税在年底只是申报，没有实际缴纳，则并未产生现金的实际流出，因此不计算在现金流量表中。在以上所有奶茶坊的经营活动中，现金流入减去流出，就等于经营活动产生的现金流量净流入，为558 280元。

最后，别忘了现金流量表中还有重要的一行，当期的现金变动，也就是小明奶茶坊经过近一年的经营最终的现金变动是净流入还是净流出，具体金额是多少。那么，我们只需将奶茶坊经营活动、投资活动、融资活动的各项净流入流出相加，得到568 280元。因为奶茶坊是2019年新注册的一家奶茶公司，期初现金余额为零，因此小明奶茶坊在年底的期末现金余额即为568 280元。这个数字相信大家一定也还有印象，就是资产负债表中2019年年末货币资金的数额。小明奶茶坊经过近一年的运营，货币资金从0元开始，增加到568 280元，而现金流量表正是解释了这些货币资金是如何产生的。

2019年12月31日　　　　　　　　　　　　　　　　　　单位：元

现 金 流 量 表		
项　　目	本年累计金额	备　注
一、经营活动产生的现金流量：		
销售产成品、商品、提供劳务收到的现金	970 880.00	收入
购买原材料、商品、接受劳务支付的现金	137 400.00	原材料
支付的职工薪酬	104 000.00	工资
支付的税费	—	只申报，未实际支付
支付其他与经营活动有关的现金	171 200.00	房租水电广告费
经营活动产生的现金流量净额	558 280.00	
二、投资活动产生的现金流量：		
购建固定资产、无形资产和其他非流动资产支付的现金	90 000.00	固定资产
三、融资活动所产生的现金流量：		
取得借款收到的现金	50 000.00	银行贷款
吸收投资者投资收到的现金	100 000.00	股东投入
偿还借款本金支付的现金	50 000.00	银行还款
偿还借款利息支付的现金	—	无息贷款
分配利润支付的现金	—	未分配
筹资活动产生的现金流量净额	100 000.00	

（续表）

现 金 流 量 表		
项　目	本年累计金额	备　注
四、现金净增加额	568 280.00	当期现金变动
加：期初现金余额	—	
五、期末现金余额	568 280.00	

五、本章小结

现金流量表结构非常明晰，对初学者来讲，也非常容易看懂。我们回顾一下几个重点：

1. 现金流量表是简单的，可以看作一个描述现金流入或者流出的报表。

2. 现金流量表可以用三分法分为：经营活动、投资活动和融资活动所产生的现金流。

3. 现金流量表中当期现金变动是一个重要数据，从中可以看到企业的现金总体呈现流入还是流出的情况，健康企业流动性较强的资产至少要占到资产总额的一个比较好的比例，比如说30%或者40%。

到本章为止，我们把财报的三张主表讲完了，在这里简单回顾一下前面三章的主要内容：

1. 我们先介绍了企业财报的三张表，资产负债表，利润表和现金流量表。

资产负债表就像一张照片，它是静态的，记录了某个时间点企业的资产和负债状况。利润表是一段视频，记录的是一个时间段里面企业的经营情况和盈利情况。现金流量表记录的更像是企业的"血液"流动的状态，因为资金就像是企业的血液，一个人再好看再强壮，血流干了也就无法存活。

2. 我们还引入了财务分析的一个重要方法，"三分法"，帮助我们在几百行几千行的财报当中迅速地抓住关键的要素。大家有时间可以再去复习一下如何用三分法来拆解财报当中的关键要素。

从下一章开始，我们就开始用学到的这些知识结合案例，开启实战学习，看一看好公司在财报上都有什么特点。

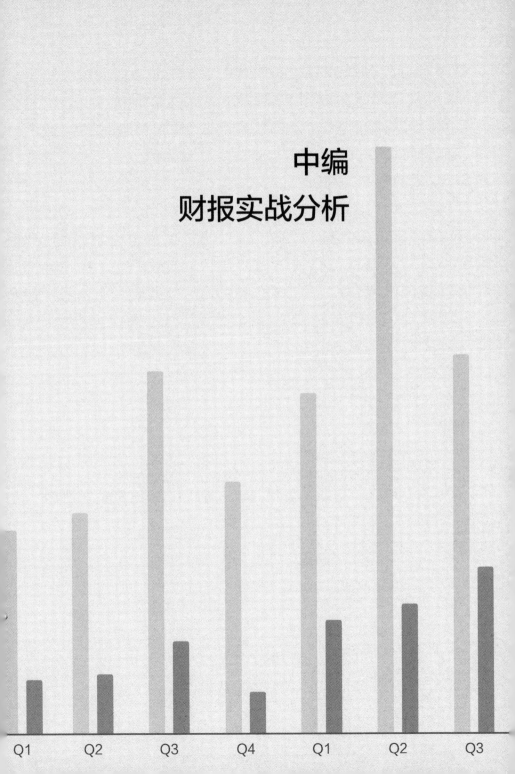

中编
财报实战分析

第五章

实战篇（1）"优等生"上市
公司实例分析（上）

从这一章开始我们将进入财报的实战课环节，每次实战案例的分析我们都会选择一类具有代表性的值得投资的上市公司的财报。做财务分析，最重要的还是做"减法"，因为现在并不缺信息，甚至是一个信息外溢的时代，尤其对上市公司来讲，信息更是过剩。做减法就是从过多噪音当中识别出有用的信息。

我不知道大家知不知道一个电影叫《超时空接触》，它的主演是朱迪·福斯特，就是以前《沉默的羔羊》的女主演，故事讲的是她在一个天文台做宇宙射线的监听，在大量的噪音当中听了四年，直到有一天她清晰地分辨出有一组重复出现的信号，从而发现了外星文明的存在。我对这个故事一直印象很深，我认为分析上市公司就是要从大量噪音中提取信号，总结出规律，而我们的最终目的就是从这些信号中判断出什么样的公司是好公司，什么样的公司是不值得投资的公司。

好公司的信号有哪些呢？我把它们总结为3点：**1. 成长性好；2. 流动性强；3. 盈利能力强**。这些特点从字面上都很好理解：成长性好意味着这家公司业绩可以稳步上升；流动性好反映这家公司现金流动健康，生存能力强；盈利性好反映这家公司能赚钱会赚钱。

这三个特点一般会集中体现在行业的龙头公司上，为什么呢？因为它们既享有品牌溢价，也享有对供应商的溢价，从而形成比较健康的净利和毛利。而它的优先选客优势以及先发优势又作为"护城河"，使它能够维持比较好的成长性，行业龙头公司相对容易获得物美价廉的投资，所以流动性也比较好。

享有这三个特点的公司被称为股票投资中的"梦之队"，当然梦之队是十分稀少的，而且在被多数人关注时，一般来讲都有了比较高的估值。我们要做价值投资，就要找到没有被广泛关注的梦之队，也就是所谓的隐形冠军。寻找到没有被开发的宝藏，就是价值投资的终极目标。

举例看一下关注度比较高的梦之队的代表，也就是所谓的龙头公司，比如户外广告的龙头公司，大家可能听说过叫分众传媒，近三年的平均收入增长超过了20%，一直保持了比较快的增长。2017年净利润为34亿，远超同行业，截至六月底，现金储备为35亿，现金状况也非常健康。但在2017年第三季度季报出来以后，情况有所变化，大家有兴趣可以关注一下，其中一个比较突出的特点是，出现了一个相对比较强劲的对手，从而在某种程度上也影响了它的增长速度。这里我们就不多讲了。

我们来讲另外一个行业龙头公司，顺丰控股。大家也许还记得2017年在马云、王健林、许家印等人轮流占据中国首富榜的同时，还有一位企业家也曾短暂地雄踞榜首，他的名字叫王卫。王卫何许人也，他就是顺丰控股的创始人，也是中国一个蓬勃兴起的行业的代表，物流行业的龙头。大家寄过快递的应该知道，快递分两种，一种是顺丰，一种是其他快递。我们就拿顺丰做案例，分析一下它的财报。

提前说一下，这一章我们只分析前两个特点：成长性和流动性，第三个特点盈利能力留到下一章来分析。

首先，打开顺丰控股2018年的年报。**下文为大家准备了报告下载链接以及图文指导。建议大家在学习这一章的时候手边**

先有一份顺丰的财务报告，一般来说，所有上市公司的财报都可以在他们的官网"投资者关系"一栏里找到，无论国内国外。

顺丰官网：http://www.sf-express.com/cn/sc/.

打开报告之后，我们先来查找"优等生"类型的上市公司第一个特点：成长性好。成长性好在财报中怎么看出来，有两个判断方法：

1. 横向比较，看公司收入在历史上有没有持续增长。

2. 看增长的来源是不是主营业务。

大家打开财报翻到第8页"公司简介和主要财务指标"这一节，首先映入眼帘的就是2018年顺丰控股年收入910亿元人民币。910亿是什么概念？我简单查阅了一下，即使用顺丰控股自己的物流卡车来运，也要运65辆重卡才能运完，所以这是一个非常大的数字。可这到底是好还是不好，我们需要一个参照系，一个纵向和横向的参考系，纵向就是与自己的历史数据进行比较；横向是与同行业的公司进行比较，增长与否一眼就可以看出来。

纵向比较，我们可以看到顺丰2018年比2017年收入增长了27.6%。如果大家有心的话，百度一下媒体报道，2018年全部A股上市公司的平均收入增长率为11.5%，可以看出顺丰的成长能力超过上市公司平均水平。那么在910亿的水平上，任何超过两位数的收入增长，都是比较快速的增长。

横向比较，我们可以将它与已经上市的6家快递公司相比，大家对快递行业稍微有点了解的话就可以知道"三通一达"等等。顺丰2018年的收入和利润是同行中最高的，收入是第二名圆通快递3倍多。

所以，无论是从横向还是纵向的比较中，都可以看出顺丰的收入增长趋势非常强劲。

上面回答了第一个标准，公司的收入在历史上有没有增长，第二个标准是看它收入增长的来源是不是主营业务。如果不是主营业务，而是非经营性业务在滥竽充数，那就是粉饰出来的漂亮。

那么怎么看主营业务收入呢？我们先翻到第151页"2018年度合并及公司利润表"这里，这就是公司的财务报表。按照我们在第三章《财报三张表之利润表》学过的三分法，把它分为收入、营业利润、净利润，我们来做一个分析。

以收入为例，我们可以查找一下第210页的附注（四），从中看到，顺丰2018年主营业务收入是910亿、其他业务收入只占了8 800万，简单计算一下，甚至不用计算可以得出，它的主营业务收入在整体收入的占比非常之高，几乎接近了100%，相比之下非主营业务部分简直微不足道，可以得出结论，顺丰的收入增长主要来自于主营业务。

我们再用三分法来研究顺丰的收入，分析其收入占据快递行业首位的原因。按照三分法，将速运物流收入分解成快件量和票均收入，在第38页，可以看到897亿的速运物流收入由快件量38.7亿票、票均收入23.2元形成。根据国家邮政局的数据，2018年全国规模以上快递企业总业务量为507.1亿件，顺丰占比7.6%，而中通85.2亿件占比16.8%，韵达、申通、圆通的快递量均比顺丰大，占比也要高，由此可见，快件量不是顺丰成为榜首的原因。再来分析票均收入，2018年行业票均收入是11.9元，顺丰的票均收入近乎行业平均水平1.95倍。2016—2018年顺丰的快件量分别是25.8亿、30.5亿和38.7亿，件均单价分别是22.2元、23.1元和23.2元，在快递件均单价下降的趋势下，顺丰又是如何在快递量高速增长的前提下仍然保持其件均单价的稳定增长，让消费者愿意买单的竞争优势是什么，后面会做进一步的分析。

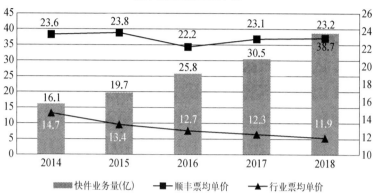

顺丰快递业务量及单价

数据来源：顺丰历年财报数据整理

　　再对比2018年顺丰与"三通一达"的快件量和单票收入，通过下表会看到一个奇怪的现象，顺丰单票收入是23.2元，但是三通一达却在2~4元之间，为什么会有那么大的差异呢？再进一步分析，原来顺丰与其他快递公司有着完全不一样的商业模式，所以导致了完全不一样的收入确认方式。顺丰是直营的重资产模式，从第一公里到最后一公里全部都是自营，因此所有的快件收款均确认成收入，而三通一达则是加盟商的轻资产模式，只经营第一公里和最后一公里，其他基本上外包，这样的经营模式意味着快件收款大部分都要交给运输公司，因此确认进收入的部分要少很多。这两种模式对于毛利和净利的影响是什么，我们将在下一章进行分析。

（元/件）	2015	2016	2017
行业单价	13.40	12.71	12.37
增速	−2%	−5%	−3%
扣去国际业务，其他业务收入后单价	8.46	7.68	7.28
增速	−9%	−9%	−5%
再扣去顺丰及EMS后单价（假设EMS占国际件量10%）	7.60	7.13	6.73
增速	−4.8%	−6.2%	−5.6%

资料来源：wind，公司财报，安信证券研究中心

2018年快递业务比较

资料来源：公开数据整理（各公司财报）

到这里，"优等生"类型的公司具备的第一个特点讲完了。

总结一下：**看一家公司成长能力强不强，当然先看有没有增长，可以在财报中横向和纵向对比；第二还要分析增长是不是**

**主要来自主营业务，这需要对财报附注中的细节进行进一步的
分析。**

好类型公司具备的第二个特点：流动性强。流动性强在财
报中怎么体现，可以通过三个指标衡量：1. **资产负债率**；2. **流
动比率**；3. **资产周转率**。

先来看资产负债率。

在介绍资产负债率之前，先介绍一下比率分析法，在原始
表数据不能充分描述企业状况的时候，不同规模的企业无法用
绝对值去比较分析，企业就需要在原始的财务数据间做一些加
减乘除的运算，计算所得的数据即为"比率"。用企业的负债表
举例，假设Ａ、Ｂ两家公司各自的短期借款分别是50万和500
万，两家公司都没有其他借款，能简单地判断出Ｂ公司比Ａ公
司的负债高吗？在不知道两家公司的资产规模的情况下是无法
做简单的判断的。

这时，我们引入比率分析，将绝对值变为相对值，将负债
绝对值变成资产负债率。**资产负债率就是总的负债除以总的资
产。**如果Ａ公司的总资产是100万，Ｂ公司的总资产是1亿，那
Ａ公司的资产负债率是50%，而Ｂ公司的资产负债率是5%，从
比率上分析就可以看到Ｂ公司的负债率远低于Ａ公司。

在第二章《财报三张表之资产负债表》里我们学过资产负
债率，**资产负债率就是总的负债除以总的资产。**我们看一下财

报147和148页，按照三分法先找到资产、负债和权益这三个关键要素。可以看到，顺丰资产的总负债约是347亿，总资产约是716亿，两者相除就得到了资产负债率，约为48%。

48%是个什么概念呢？顺丰其实算重资产型公司。从财报固定资产一栏里面可以看到，顺丰的固定资产大概有140亿，这里面包括了50架飞机、1.7万辆运输车辆、170个仓库，在同行中几乎无人可与之匹敌，而且顺丰还在不断地往里投入。

重资产公司中比较有代表性的是房地产公司。这类重资产公司的资产负债率相对来讲比较高，普遍达到70%，甚至80%、90%以上。所以对比重资产公司，顺丰的资产负债率还是很健康的，而且它能将资产负债率管理得这么好，资产基数大、杠杆率又不高，说明这家企业自身造血功能强劲，并且也能持续把赚来的钱投入再生产，这是企业成长比较重要的一步，是非常难得的。

流动性好不好的第二个指标：流动比率。流动比率等于流动资产除以流动负债。

同样在财报中找这两个数字，还是财报147页的资产负债表，流动资产是320亿人民币，货币资金是160亿人民币，也就是说流动资产中一半以上都是现金。我们再仔细地看一下附注，可以发现"其他流动资产"这一项里也有4个月内的银行理财近6亿，现金加银行理财166亿，流动资产的质量可以说是相当高。

再翻开150页的流动负债，算出的结果是1.2。这是什么意思呢？也就是说流动资产里的所有资产都立即变现的话，不仅可以完全覆盖短期内到期的债务，而且还可以剩余很多钱。

所以我们可以看到，顺丰的流动资产很充沛，而且质量又很高，总结起来，就是流动性非常强。

流动性好不好的第三个指标：资产周转率。此处重点介绍应收账款周转率、存货周转率和固定资产周转率。

应收账款周转率是营业收入除以平均应收账款的比值，表示在一定时期内（通常为一年）应收账款转化为现金的平均次数。它说明应收账款流动的速度。用时间表示的周转速度是应收账款周转天数，也叫平均应收账款回收期或平均收现期，表示企业从取得应收账款的权利到收回款项、转换为现金所需要的时间，等于365除以应收账款周转率。

用一个小例子让大家了解下为什么会产生应收账款和应收账款周转率是什么。小明奶茶坊开发了新的公司客户A，客户A是一家专门做市场活动的公司，A客户提出每个月可以向小明按照16元一杯的单价订购3 000杯奶茶，但要求先供货后月结付款，小明要做这个业务，就要接受这个条件。不考虑税，A客户每个月给小明奶茶坊带来4.8万的收入，全年带来57.6万的收入，因为月结支付的原因，最后一个月的收入需在次年才能收回，就会在奶茶坊的资产负债表上出现4.8万的应收账款，奶茶店其他销售都是现金销售，所以应收账款的期初金额为 0，年平均应收账款余额为 2.4 万，等于 4.8 万的期末应收账款除以 2；全年销售收入是 334 万元，应收账款周转率为 139.2 次 / 年（等于 334 万收入除以平均应收账款余额 2.4 万），应收账款周转天数是 365 除以 139.2 得到 2.62 天。这个数字说明小明奶茶坊的应收回收速度是非常快的。

一	金额（元）	单价（元/杯）	月份	单月数量（杯）
现金销售收入	2 764 800	16	12	14 000
赊销销售收入	576 000	16	12	3 000
收入合计（1）	3 340 800	—	—	—
期初应收账款（2）	金额（元） 0	—	—	—
期末应收账款（3）	48 000	月结，只剩余最后一个月的款项未收回		
平均应收账款（4）＝[（3）+（2）]/2	24 000	—	—	—
应收账款周转率（5）＝（1）/（4）	139.20	—	—	—
应收账款周转天数（6）＝365/（5）	2.62	—	—	—

大家可能会问为什么会关心这个比例呢，因为应收账款周转率越高，表明赊账越少，收账迅速，账龄较短；资产流动性强，短期偿债能力强；可以减少坏账损失等。想想如果应

收账款周转天数是30天，是不是意味着销售产品的收入30天就可以收回变现，收到的资金马上又可以去购买材料成本进入下一轮的销售；但是如果应收账款周转天数是180天，那意味着销售产品的收入半年后才能收回变现，如果原材料供应商给的账期只有30天，那意味着要投入更多的资金去购买原材料。

我们在顺丰财报第147页的资产负债表和第151页的利润表分别找到应收账款和营业收入，2018年应收账款余额是73.7亿，2017年应收账款余额是58.2亿，2018年的营业收入是910亿，由此计算出应收账款周转率是13.8次/年，应收账款周转天数是26.5天，意味着应收账款一年周转13.8次，也就是应收账款每26.5天可以收回。

存货周转率，表示企业一定时期营业成本与平均存货余额的比率。一般情况下，用于反映存货的周转速度，即存货的流动性及存货资金占用量是否合理，促进企业在保证生产经营连续性的同时提高资金使用效率，增强企业的短期偿债能力。

存货周转速度越快，存货占用水平越低，流动性越强，存货转换为现金或者应收账款的速度越快。存货周转率指标的好坏反映企业存货管理水平的高低，影响企业的短期偿债能力。

继续用小明奶茶坊给大家举例说明。

如下表，由于原材料不紧缺，但为了应对可能新增的订

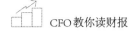

单和其他意外事项，小明奶茶坊会保留一个月的存货备用，在这种情况下，存货周转率就是24次/年，存货周转天数为15天。

	金额（元）	单位成本（元/杯）	月份	单月数量（杯）
主营业务成本（1）	634 752	3	12	17 400
期初存货	0			
期末存货	52 896	3	1	17 400
平均存货余额（2）	26 448			
存货周转率 （3）=（1）/（2）	24			
存货周转天数 （4）=365/（3）	15			

我们在财报第147页和第151页分别找到存货和营业成本，2018年存货是8.2亿，2017年存货是4.5亿，由此计算出存货周转率是144次/年，存货周转天数是2.5天，这意味着存货每年要周转144次，也就是每2.5天存货就会转化成现金或者应收账款，这说明顺丰的存货水平很低。

固定资产周转率，表示企业年营业收入净额与固定资产平均净值的比率，又称之为固定资产利用率，反映一个年度内，固定资产周转的情况。该比率越高，表明固定资产利用效率高，利用固定资产效果好。

继续用小明奶茶坊举例，如下表：

单位：元	净额	原值	折旧月份	单月折旧金额
主营业务收入（1）	3 340 800			
期初固定资产净额	90 000			
期末固定资产净额	60 000	90 000	12	2 500
平均固定资产余额（2）	75 000			
固定资产周转率（3）=（1）/（2）	45			
固定资产周转天数（4）=365/（3）	8			

小明奶茶坊每家店面投入的固定资产是3万元，3家店面共投入9万元，按照3年无残值去计提折旧，每月折旧2 500元，全年的营业收入是334万，那固定资产周转率是45次／年，固定资产周转天数是8天。

我们在财报第147页和第151页分别找到固定资产和营业收入，2018年固定资产是14亿，2017年固定资产是12亿，2018年营业收入是910亿，由此计算出固定资产周转率是70，固定资产周转天数为5.2天，这意味着每1元的固定资产投入产生70元的营业收入，同时每元固定资产投入大概5.2天会转换成现金或者应收账款。

当把资产的周转率计算出来后，我们发现，他们其实相当有用，通过计算周转率，可以得知周转的周期。在上面的计算公式上聪明的读者肯定会发现一个奇怪的事情，无论是营业收入还是营业成本，在计算周转率时都是作为分子，他们都来自利润表的数字；而周转率的分母则是各个资产项目，是被记录在资产负债表上的项目。问题也就随之而来，资产负债表上的项目通常都是时点数据，而利润表则表现了一段时间的数据，如果用时期数据直接除以时点数据，两者是不匹配的。

怎么解决这个问题呢？会计们想到了一个好主意，用营业收入或者营业成本除以这项资产在一年当中真正的平均水平，一般用这项资产期初数额与期末数额之和除以2来计算这个平均水平。

好公司具备的第二个特点流动性强，大家也可以结合顺丰的财报体会一下究竟是如何体现出来的。

在本章结束之前，我们再来回顾一下主要的知识点：

一、值得投资的好公司有**三个特点：1. 成长性好；2. 流动性强；3. 盈利能力强。本章讲了前两个特点，第三个特点下一章讲。**

二、成长性是**看公司收入有没有增长，增长是否来自主营业务。**

三、**流动性有三个简单的指标：资产负债率、流动比率和资产周转率。**这不是唯一检测的方法，却是我们经常用到的方法。

下一章，我们继续以顺丰控股的财报为例，讨论好公司的第三个特点：盈利能力。

第六章

实战篇（1）"优等生"上市
公司实例分析（下）

这一章我们依然以顺丰作为案例，学习好公司的第三个特点：盈利性好。

盈利性好，听起来很简单，但怎么在财报上看出来呢？需要分三步走：

1. 了解公司商业模式。比如公司靠什么赚钱，要支出哪些费用？

2. 用指标衡量盈利能力。比如用毛利率、净利率等指标，横向、纵向对比企业在行业中的表现。

3. 发现异常情况隐藏的机会和风险。比如利润表变化有没有异常等，要深挖背后原因，从中发现公司未来发展的信号。

首先，我们来了解一下顺丰的业务模式。顺丰采用的是直营制的业务模式，在财报中了解业务模式非常简单，先看它的收入、成本和费用。寄快递的时候，顺丰会收取快递费，这就

是它910亿收入的主要来源。而成本包括了快递小哥的工资、运输车辆的油费、航空运输的费用等等，这些汇总在一起，就是营业成本。除了与收入直接相关的成本，还有一些总部产生的费用，比如广告费、研发支出、管理团队的工资、银行借款产生的财务费用等，这些按照不同的类型，归类到销售费用、管理费用和财务费用这三种费用中，也就是之前介绍过的三费。在收入扣除了所有这些支出之后剩下的，就是顺丰的净利润了。

了解完基本的商业模式，就进入分析盈利性强不强的第二个步骤：用关键财务指标衡量盈利能力。首先了解利润表，然后选取指标进行分析，这里我们选取了两个常见指标：毛利率和净利率。

利润表可以用三分法逐步分析：

第一步看毛利，了解收入、成本的构成，分析其毛利空间，对比现实毛利率，去判断这家公司是否有高的盈利成长空间。

第二步看期间费用，了解各项费用的占比和投入的方向，如果销售费用中的广告费或者客户服务费、市场活动费用投入比较大且逐年递增，可以搜索下这家公司的品牌是否被大家所熟知，如果认知度较高说明投入是有效的；如果研发费用投入比较大，说明这家公司的技术应该是领先的；如果财务费用较高，则说明债务较高，需要综合分析下流动性确认是否合理；如果管理费用中的折旧、房租等费用比较高，说明这家公司的运营成本投入很大；如果期间费用整体占比不高，说明这家公司属于轻资产公司，应该属于资本比较喜欢追逐的公司。

第三步看其他，例如营业外收支中有大额政府补贴，那至少也是地方性的龙头，如果补贴资金来自省级政府，那有可能是省级龙头，因为政府不会无缘无故地去支持一家公司。营业外收支中处置资产的收益则是要剔除的杂音，因为这是不可持续的，不可能每年都靠出售资产获得收益。

下面对选定的指标进行分析，首先来看毛利率。营业收入减去营业成本就是毛利，毛利除以营业收入就等于毛利率。我们现在动动笔。翻到顺丰财报第151页，可以看到2018年顺丰营业收入是910亿人民币，营业成本大约是750亿人民币，毛利就是160亿。毛利率等于毛利除以收入，等于18%。有了这

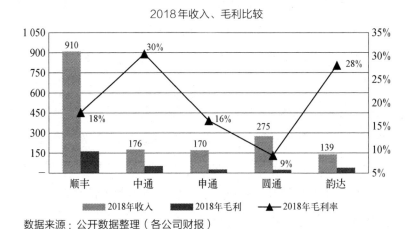

2018年收入、毛利比较

数据来源：公开数据整理（各公司财报）

个18%的毛利率数据，我们拿去与其他家快递公司的数据进行横向比较，这些公司如果是上市公司的话营业数据在网站上就可获取。

比较下来我们会发现顺丰的收入远高于同行，是第2名圆通的3倍，毛利160亿，比"三通一达"的总和还多，在如此高收入的规模下，顺丰毛利率水平在同行业中相比还是比较高的。尤其它的模式是直营，运输设施都是自建，相比其他同行，经营成本比较高，资产比较重，在这样的情况下，还能获得不错的毛利率，盈利能力非常强。我们也提过，在行业中它是有行业溢价的，就是大家愿意在使用顺丰的时候多付出一些价格。

同时上一章收入分析时讲到在整个行业件均单价下降的情况下，顺丰仍然保持件均单价的增长，且为行业件均单价的1.95倍，远高于"三通一达"，为什么消费者会接受这种溢价，是什么让顺丰拥有这种竞争优势呢？这类似同样一双鞋贴上耐克的商标是完全不同的价格，同样一瓶糖汽水贴上可口可乐的商标价格就会翻番，同样一个快递，如果选择了顺丰，可能就要付出将近两倍的价格。品牌的价值和品牌的投入因为会计准则的原因，不会体现在财报上，那让我们再尝试着对顺丰商业模式进行进一步的挖掘和分析，从而寻找到顺丰品牌产生的原因，2018年财务报告的第15页至第30页顺丰对自己企业做了核心竞争力分析，总结如下：

（1）以直营模式为核心，有效提升管理水平

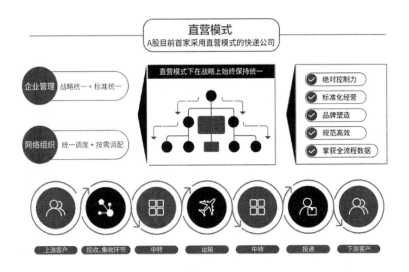

顺丰是 A 股首家采用直营模式的快递公司。加盟制的业务模式轻资产、易复制、能快速占领市场份额。但随着规模的快速扩大，加盟制难以统一管理、服务质量参差不齐等弊端开始暴露，相比于加盟经营模式，直营模式对各环节具有绝对控制力，有助于公司战略自上而下始终保持统一，有助于经营目标的有效达成。直营模式是顺丰的基石，通过对全网较强的掌控力，公司的管理水平、服务质量长期保持较高水平，实现品牌溢价。目前，通达系也在不断加速直营化，希望改善原有加盟模式的不足，但是顺丰长期以来形成的直营模式在管理方面更具有经验，协同性更强，竞争优势更加明显。

（2）服务质量长期领跑，品牌效应提升用户黏性

满意度连续10年稳居行业榜首，邮政申诉率持续低于快递同行

根据国家邮政局发布的《2018年快递服务满意度调查结果通报》，顺丰速运在"快递企业总体满意度"榜上排名第一。这是自国家邮政局2009年首次公布快递服务满意度排名以来，顺丰控股连续10年蝉联第一。2014年至2018年，顺丰有效申诉率持续维持在较低水平，截至2019年第一季度，顺丰有效申诉率为0.2，远低于行业平均水平（1.23）。虽然近年来通达系服务质量明显改善，有效申诉率走低，但是顺丰在中高端市场仍然保持着优势（中高端市场客户对于时效性较为敏感，愿意为此支付溢价）。

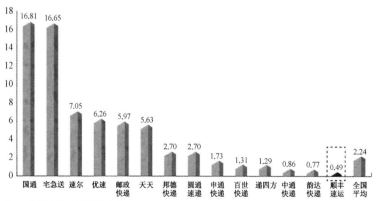

注：上表月均有效申诉率为根据国家邮政局每月公布的《邮政业消费者申诉情况通告》计算的简单平均数。

数据来源：顺丰2018年财报第22页

顺丰的低申诉率应该与员工的服务水平有关，从财报第132页员工情况介绍中可以看出大专以上学历5.4万人，占总人数的40%，除了韵达以外，其他快递公司大专以上学历的员工仅为10%左右。顺丰操作类员工9.15万人，年均薪酬13.7万，这个薪酬在行业中应该也算是很高的。员工较高的文化水平和较高的薪资报酬促成了高的服务质量，也带来了高满意度。

顺丰入围BrandZ全球最具价值品牌百强榜

长期保持领先的时效、较高的安全性、优质的服务打造了顺丰高端的品牌形象。2018年5月29日，全球最大的传播集团WPP和凯度华通明略在英国伦敦发布《2018 BrandZTM Top 100 Ranking Most Valuable Global Brands》（2018全球最具价值品牌百强排行榜），顺丰位列全球第90名，品牌价值达145亿美元，是中国物流行业唯一上榜的企业，是全球4家上榜的物流企业之一。2019年5月6日，"BrandZ 2019最具价值中国品牌100强"排行榜，顺丰速运排名第16。

经过二十多年的经营，顺丰品牌已经在快递行业内享有广泛的赞誉和知名度，"顺丰"在快递行业内已经成为"快""准时""安全"的代名词，是企业客户和中高端个人客户的首选品牌。良好的市场口碑为顺丰控股带来大量优质企业客户，在3C、服装、金融保险、跨境线上贸易等领域赢得了苹果、小米、华为、优衣库、绫致、中国平安、Wish、Tophatte等一大批国内外知名企业的长期合作。

（3）长期大量的固定资产投入和研发投入建立了"天网＋地网＋信息网"三网合一，形成独特稀缺的智慧物流网络

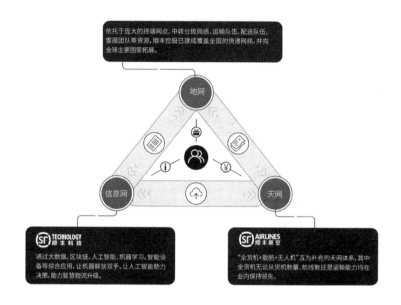

经过多年潜心经营和前瞻性战略布局，顺丰控股已形成拥有"天网＋地网＋信息网"三网合一、可覆盖国内外的综合物流服务网络。直营模式下的网络控制力最强、稳定性最高，加之顺丰控股一贯对于信息网的高度投入，造就了顺丰控股现今在国内同行中最独特、稀缺的庞大网络资源。

天网——航空运力大幅领先对手

截至本报告期末，国内快递企业中，仅顺丰控股、EMS和圆通速递三家成立了物流航空公司，拥有独立航空运输能力。无论从全货机数量、航线数还是运输能力，顺丰控股在国内行业中都是领先的。

总体来看，航空网络布局有利于提供快速、安全、高品质的快递服务，增强服务的差异，提升中高端物流业务的进入壁垒，另外还有助于扩展冷链物流等新业务，是综合实力的重要体现。

地网——地面运输网络资源优势明显

截至2018年，顺丰拥有近1.56万个自营网点，国际小包业务覆盖全球225个国家及地区；拥有9个枢纽级中转场，49个航空、铁路站点；目前已开通干、支线合计超过9.7万条。此外，已经开通高铁线路82条，普列线路127条，陆运网络遍布全国。

行业对比来看，公司在自营网点数、运转中心数量、运输干线和运输车辆上都有明显优势，加上公司采用直营模式，在路线规划，运输方面都具有管理上的优势。公司2018年陆路运输快递业务量为30亿票，占公司总快递业务完成量的77.3%左右。另外，顺丰通过与商业网点、合作代理点、物业管理及智能快递柜的合作实现最后一公里的覆盖。截至2018年底，顺丰已与3.2万个合作代办点及约600个物业管理公司网点展开合作。顺丰控股参股的丰巢科技在社区/写字楼安装运营的智能快递柜约15万个，覆盖国内深圳、广州、北京、上海、武汉等100个城市。

信息网——自主研发完成的智慧网平台

顺丰控股自主研发了一套完整的智慧网平台，包括顺丰物流各项核心运营系统、顺丰地图平台、大数据平台、信息安全平台、智能运维管理平台等，打造智慧化的坚实底盘，快速、灵活、安全、全面地支撑业务发展，实现数据交互分析，驱动业务决策，助力智慧物流升级。在智慧仓网方面，构建了完整的顺丰云仓信息系统体系，支持电商仓、冷运仓、医药仓、食品仓、海外集运仓、微仓等多种仓储业务形态，日常运营保障与高峰应对能力全面提升。在终端收派智能化方面，顺丰持续推动数字化之路前行，在客户端持续优化与客户的便捷互动；在收派端与仓管端将智能工具升级至HHT7。

以上大概就是顺丰具有溢价，能够收取别的快递公司2~3倍快递费的原因。

接下来，我们来看**衡量盈利能力的第二个常见指标：净利率。**

净利率其实就是净利润除以收入，与毛利的差别就是销售费用、管理费用、财务费用这三费，所以毛利减去三费就是净利。不要小看这些费用，有的时候会大到惊人。

举个例子，我们在地铁里经常能看见打广告大战的一些互联网公司，它们产品本身的毛利都非常高，但最后净利润可能还是亏损的，因为这些公司的成本可能就是一些宽带费用、少量的人工费用等，但三费就包括了巨额的广告费。请一个明星代言动辄上千万，随便请几个就把全年的利润抹平了，这时候就会出现产品本身毛利率很高，但净利润几乎是负数的情况。

了解这一点后，我们回到顺丰财报，看一下净利润的情况。在151页，看到利润表的净利润这一行显示的是45亿元人民币，大家如果还记得毛利的数字的话会发现毛利和净利的差别还是比较大的。换算一下，净利率就只有5%。

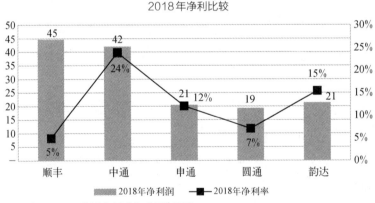

2018年净利比较

数据来源：公开数据分析（各公司财报）

5%是什么概念呢？我们横向比较一下圆通，圆通的净利率为7%，比顺丰多了2%；这说明虽然顺丰在每一单快递业务上赚的钱比圆通多，但顺丰产生的其他费用更多，抹掉了大部分的毛利，使得它最后的盈利反而没有圆通好。

通过分析毛利率和净利率这两个指标，我们发现顺丰的毛利率在同行中比较高，但是净利率的排名却比较靠后。我们分析一下原因。

首先是它的研发支出特别多。在财报的第46页，也就是"经营情况讨论与分析"这一节，专门提到顺丰为了提供更高效的服务，不断加大研发支出，支出总额将近21.56亿元人民币。2015年至2018年，公司研发人员数量逐步攀升，从1 795人增加至5 139人，占比也从1.47%增加到3.8%；相应的研发投入金额从4.25亿元增加到21.56亿元，占营收比重也从0.88%提升至2.37%。行业对比来看，圆通、韵达的研发人员仅为535和604人，研发费用仅为0.51和0.61亿元，远低于顺丰。可以看出，顺丰在自主研发和技术投入方面占据优势，为信息网的铺

2015—2018年顺丰研发人员数量及占比逐年提高

2015—2018年顺丰研发投入占营收比重逐年上升

设提供强有力的支撑，也为今后转型升级、提供一体化物流解决方案奠定了良好基础，构筑了较深的竞争壁垒。

2018年快递企业研发情况对比

	顺丰	圆通	韵达	申通
研发人员数量	5 139	538	604	246
研发人员数量占比	3.80%	2.85%	6.92%	1.70%
研发投入金额（亿）	21.56	0.51	0.61	0.436
占比营业收入	2.37%	0.18%	0.44%	0.26%

数据来源：公开数据分析（各公司财报）

另外，**顺丰对于固定资产的投入也是相当慷慨**。虽然固定资产不会一次性进费用，但折旧、定期维护也会产生大量费用，尤其顺丰投入的还是重型资产，比如飞机、土地、仓库等等。从报表的第50页，我们可以看到顺丰光买飞机一项就花了

16个亿，所有相关的支出加在一起是147亿，和研发费用一样，顺丰的资本支出所产生的费用也把同行远远甩在身后。它为什么这么舍得花钱？这就需要我们根据行业特点来具体分析了。

重研发、重投入是物流行业本身的一个特性。让我们回顾一下国外的物流巨头UPS和联邦快递的发展史。最早的时候，美国的邮寄业务只是邮递员驾着马车送货，运送的货物少而且也很慢。UPS的创始人James Casey创造性地用汽车代替了马车，并发明了传送带技术，使得运货效率大大提升，这是物流行业因为技术第一次进化。

在UPS独领风骚50年后，联邦快递首次使用飞机来运送货物，运送效率再一次大幅提升，使得这家成立不久的物流公司获得了飞速的发展，与UPS一样成了国际物流行业的巨头。我们可以发现，快递行业的发展依赖于对运力和技术的不断投入迭代，从马车换成汽车，再换成飞机；从纯人工的分拣，到人工智能机器人帮助分发货物，投入最早最多的公司，才能更快地占有市场。回顾UPS的发展我们发现，公司不断扩张，逐步走向综合物流运营商的道路往往伴随着资产负债率的增加，2005年至2018年，UPS资产负债率从50%上升到90%以上，固定资产占总资产比重约为68%。

顺丰目前也通过杠杆进行扩张，资产负债率从2013年的30%左右上升到2018年12月的48.5%，当前固定资产占总资

UPS&顺丰资产负债率情况

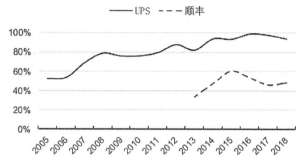

上市快递公司资产负债率&资产固定比率情况

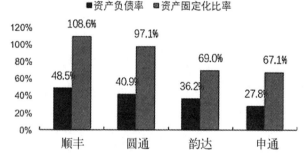

数据来源：公开数据分析

产比例约为55%，资产固定比率［（资产总计−流动资产合计）/所有者权益平均余额］为109%，超过100%表明自有资金已无法满足固定资产投资，还需借贷债务来继续支撑业务扩张。

行业对比来看，顺丰、圆通资产负债率和资产固定比率较高，业务投入开支较大，而韵达、申通的资产负债率和资产固定化比率较低，业务投入开支相对较低，自有资金能充分满足长期投资。

再来看资本支出的具体情况：UPS近几年资本支出占营收比重在4%—5%，2017—2018年公司加大对转运中心、分拣设备的投入，使得资本支出占营收比重提升至8%—9%，总体来看，处于成熟期的UPS资本支出占营收比例较为稳定。顺丰目前正处于新业务拓展的关键时期，近几年的资本开支占比都较高，2014年加大对转运中心的投入，货运机队的建设，2015年重点布局重货业务和冷运业务，2018年进行了多项业务收购，并投资建设鄂州货运机场，资本支出比例提升至12.8%。2019年11月18日，顺丰公开发行可转换债券，募集资金总额58亿元，主要用于飞机购置及航材购置维修项目和智慧物流信息系统建设项目、速运设备自动化升级项目、陆路运力提升项目，预计将与未来鄂州机场产生协同效应，分别计划投入募集资金15.2亿元、14.9亿元、10亿元、5.9亿元、12亿万元。展望未来，随着新业务逐步发展，货运机场逐渐投入运营，大规模开支的脚步将会放缓，未来将会收窄到一个较为稳定的水平。

项 目	2018年投资额（亿元）	2017年投资额（亿元）
办公综合楼	39	0
土地	3	5
仓库	5	1
分拣中心	12	10
飞机	16	17

（续表）

项　　目	2018年投资额（亿元）	2017年投资额（亿元）
车辆	12	8
信息技术设备	7	3
其他（含股权投资）	52	22
合计	146	66

数据来源：顺丰2018年和2017年财报

所以**快递行业的大公司基本都有重资产、高投入的特点。**

从这份财报中我们可以获取的最重要的信息是，顺丰尽管已经成为行业老大，在百尺竿头依然非常积极在进行升级改造，为此也投入了大量的资本，这些支出同时也会带来一些费用，对净利润产生了负面的影响，但是这种战略性的投入将在未来成为公司持续增长的引擎。

如果把顺丰比作一辆车的话，这两项支出相当于给这辆车更换最新型发动机，同时还增加了车厢的容量，让它跑得更快装得更多，把竞争对手远远地甩在身后。这便是它的核心竞争力所在，也是我们值得关注的隐藏机会。

顺丰的直营模式、重资产投入、重研发投入，让它在2020年疫情爆发期间大放异彩、做出了极其亮眼的成绩。2020年1季度申通快递、韵达股份、圆通速递、顺丰控股业务量市场份额达到8.94%、15.24%、13.33%、13.73%，相对于2019年市场份额，顺丰提升最明显，达到6.11个百分点，圆通下降1.03个百分点，韵达下降0.55个百分点，申通下降2.66个百分点（2019年，申通快递、韵达股份、圆通速递、顺丰控股业务量市场份额达到11.60%、15.79%、14.36%、7.62%）。顺丰控股2020年第1季度业务收入增长高达39.59%。

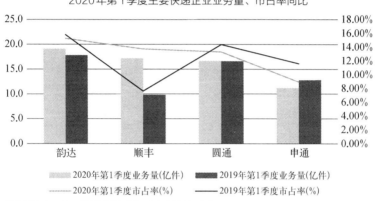

数据来源：公开数据分析（各公司财务报表）

在2020年1月26日，疫情爆发，全国限制人口流动的情况下，快递行业基本停摆，国家邮政局建议春节期间优先选用邮政、顺丰、京东。直营体系+强大的航空资源使顺丰在疫情爆发时期显示出强大实力，直营模式下，高控制力和执行力，为顺丰赢得了强有力的品牌优势；"天网+地网+信息网"的综合物流服务网络，为顺丰开拓新业务提供有效保障。疫情对快递企业做了一次压力测试，未来随着疫情逐渐缓解，快递需求回补导致快递业务量波动巨大，此时是快递企业压力增大的关键时期，管理能力与行业口碑俱佳的快递企业将脱颖而出。

在结束本章之前，我们总结一下学到的知识点：

本章讲解了值得投资的好公司第三个特点：盈利能力强。其他两个特点分别是上一章讲解的成长性好和流动性强。

判断一家公司的盈利性好不好，我们**分三步**来分析：

第一步，了解商业模式。我们了解了顺丰的收入来源主要是快递费，主要的支出又包含了哪些。

第二步，使用指标衡量盈利能力。我们用到的指标是**毛利率和净利率**，并将这些数据与同行业的公司横向比较。**学有余力的读者可以去找一下其他的财务指标，做一些类似的分析。**

第三步，当了解了毛利率和净利率，而发现异常情况隐藏的机会和风险，需要深挖的时候，就可以从财报中找到一些其他信息来验证判断。我们发现顺丰毛利率高，净利率偏低，是因为它在大规模投入技术和资产，因此拖累了净利润，使得净利率表现不及同行。

但是反过来又发现，这个方面的投入能帮助公司在竞争中保持领先地位。当投入期结束或者放缓的时候，净利润就可能出现飙升。

也许大家会觉得顺丰已经是快递行业的奢侈品，这个行业的龙头了，以上分析有些事后诸葛亮，因为已经成为龙头的企业，可能无法进入投资或者投资成本太高，那是否可以利用已经学到的财报分析知识去寻找隐形龙头和投资机会呢？一般龙头的特质是面对客户拥有定价权，面对供应商拥有很强的议价权，很高的毛利空间。这些特质会体现在哪些方面，是难以突破的技术壁垒、品牌壁垒、管理团队、客户经验、薪资待遇吗？

财务报表中的哪些数字能反映这些特质呢？

品牌力不一定是商誉，因为会计谨慎性原则，内源性的品牌价值不一定能体现在账面上。例如根据2019年BrandZ全球最具品牌价值100强，可口可乐的品牌估值是809亿美元，接近于账面总资产864亿美元，远高于账面上的商誉168亿美元；耐克的品牌估值是474亿美元，远高于账面商誉1.54亿美元，甚至高于其总资产237亿美元。

是什么让消费品公司有那么高的品牌价值，除了优质的产品、特殊的经营模式，在财报的销售费用下应该可以看到巨额的广告费，可口可乐2017年8月就披露上一年广告费40亿美元，且一直是年复合增长，耐克每年的广告费是收入的3%，2019年耐克收入391亿美元，意味着投入了近12亿的广告费。

如何发现公司是否有突出的技术呢，可以看年报中披露有多少个专利、多少个知识产权，在财务报表中肯定会发现研发费用、固定资产、无形资产等一项或者几项投入特别大，对收入的占比也非常高。科技领域的龙头亚马逊2019年收入是2 805亿美元，研发费用投入359亿美元，占收入的13%；微软2019年收入1 258亿美元，研发投入为169亿美元，占收入的13%。作为快递行业的龙头，为了保持其技术以及运送效率的领先，联邦快递2020年2月底的总资产为700亿美元，其中固定资产473亿美元，占总资产的68%。

　　客户体验是品牌零售商尤其关注的一项，宝洁提出了很重要的"三秒法则"；万豪经过全球调研做出"舒口气时刻"；还有索菲特的"等待时刻"；星巴克为了降低等待焦虑的横向排队……这都是品牌零售商针对客户体验做出的各种策略。客户体验是针对客户的感受设置的，看似和客观的财务报表无关，其实仔细找找，聪明的读者一定能从财务报表中的客户服务费或者是其他的市场活动费用中找到相关踪迹的，万豪的"舒口气时刻"，是花费了300万美元的调研费得出的。所有的客户体验都是需要企业付出的，包括直接的客户服务费、市场调研费、市场活动费用、团队人员工资等等。

　　说到客户体验，我们第一时间想到的肯定是餐饮业的龙头海底捞，在海底捞，每一个人等位时都在"享受"。享受免费的零食、免费的美甲、免费的擦鞋、免费的眼镜布、头绳、玩具、鸡蛋羹、棉花糖……让等待不再枯燥而无聊。客户也能在海底捞体验不一样的生日、节日等等，就餐充满了惊喜。这些看得见摸得着的感受又怎么从报表中找到痕迹呢？可能体现在公司的组织架构上，例如客服部门的人员会比较多，在财报上会反映客户服务的费用、市场活动费用比较高。服务是靠人和科技提供的，那又是什么促使海底捞的员工提供那么多的创意和如此优质的服务呢？财务报表的人力成本能给一个很好的解释，根据国家统计局数据，2018年住宿和餐饮行业城镇私营单位就业人员平均工资是39 632元，但是海底捞的人均工资是72 641元，海底捞的人均工资是行业人均水平的1.83倍。超级的客户体验、优秀敬业的员工，让海底捞拥有了很强的定价权，因为客户愿意为服务买单。同时由于海底捞的采购量巨大，因此对于供应商有很高的议价能力，这必然成就了海底捞巨大的毛利空间。

苹果不追求震撼性的创新，而是把众多不被重视的细节做好，这种独特的客户体验之道让它有了很强的定价和议价能力，也就拥有了很高的毛利空间，iPhone X 64G 版本的硬件成本为357.5美元；256G 版本的硬件成本价格可能在417.25美元左右。如果以这个算法，按照 iPhone X 国内售价 64G 版 8 388元、256G 版 9 688元计算，就得出 iPhone X 的毛利率高达60%以上；而作为制造商的富士康，可能毛利就只有5%左右。

高的毛利空间最终会形成高的毛利率，但不等同于当下高的现实毛利率。因此龙头企业重要的特点是公司是否在行业具有领先地位，技术领先、服务领先或者是管理领先，有足够的定价能力和议价能力，别的公司无法轻易替代。从价值投资的角度，如果我们找寻到了具有高毛利空间的公司，就一定值得去投资。

我们用两章内容，通过顺丰案例了解了好的上市公司的特点，实战的第一部分到这里就结束了。了解了好的上市公司的一些特点，相信大家对财报指导投资有了新的认识。下一章会为大家讲解一家势头正猛，成长非常迅速的公司——拼多多。建议大家提前找一些它的财报资料进行预习。

留一个课外题给大家思考，摩拜单车、哈啰单车是真龙头还是伪龙头呢，能用这两章学到的方法去分析吗？

第七章

实战篇（2）高成长公司：拼多多

一般来说，如果一个公司有着高增长、高盈利和高利润，肯定早就是炙手可热的投资标的，股价甚至可能处于"溢价"阶段，有可能被高估，不适合以寻找被低估股票为主的"价值投资"。在现在变化万千的时代，会不会有一些还未被发掘的"隐形冠军"公司可以提前关注起来呢？这些公司的财报又有什么特点？我们找了另外一个在美国上市的案例为大家分析，它就是前阵子劲头颇足甚至还有不少争议的电商新贵——拼多多。

拼多多，2018年7月在美国纳斯达克上市，是一家依靠拼团模式快速崛起的电商，在短短三年内，活跃用户数为2.3亿，已经赶超京东。这家公司经历了怎样的变迁呢？它的赚钱秘诀又是什么呢？让我们一起在财报中寻找答案。

同样，我们可以在拼多多官网的investor relations页面找到它最新出的财报，此外建议大家同时下载它的招股说明书先一起看。一般来说在美国上市的中国公司，美国证监会（SEC）会要求定时公开披露各种信息，比如F-1（注册地不在美国的外国公司招股书）、20-F（注册地不在美国的外国公司年报）和6-K（注册地不在美国的外国公司披露特定财务信息）。 所以大家可以在下面的链接里按照需求查看美国上市的公司财报信息：

http://investor.pinduoduo.com/financial-information/sec-filings? items_per_page=10&page=1.

这里需要特别说明的是，**招股说明书除了披露财报以外，还会对企业的商业模式、所处的行业状况做非常详尽的说明，它的信息量大大超过年报和季报**，而美国证券交易委员会，这个类似我国证监会的组织所公布的材料，信息丰富程度更是令人咋舌，甚至被诟病"过度披露"，我们可以从中获取很多对投资有用的信息。借助拼多多这个案例，我带大家来详细解读一下美国上市公司的招股说明书和年报。

首先来看一下招股说明书的目录，先通过目录用三分法将招股说明书分成三部分：业务、财务和法律相关。同时对每一章节标注了优先级ABC。如果大家想迅速了解一家公司的业务，优先级为A属于先看部分，优先级为B的话，部分内容可以比照A一起看，优先级为C的可以作为扩展点进行阅读。

我们在分析顺丰财报的时候讲过，**看一家公司是否是一个好公司，可以使用三分法的框架，从成长性、流动性和盈利性三个维度来分析**，所以还是沿用原来的方法分析拼多多。

当然**在了解一家公司财报之前，一定要养成先理解公司商业模式的好习惯，这样阅读财报才会有的放矢，因为不同的商业模式体现在财报上的数字会有不同的含义。因此**在找财报之前，针对这种互联网公司，非常建议大家先下载他的application（APP）。花5分钟的时间，从一个用户角度先去浏览和使用该公司的APP，这样会更有助于了解公司的财报。

拼多多的招股说明书一共有295页，刚刚提及美国上市公

司披露的信息量之多之大，有利于迅速了解对自己最有用的信息。

拼多多的招股说明书开篇是一页PPT，上面放了四个指标。

GMV（Gross Merchandise Volume）：成交额

Annual orders：年度订单量

Active buyers：活跃消费者

Active merchants：活跃商铺

为何要关注这四个指标？这四个指标放在了招股说明目录的前面，也就是所有的财报读者100%有耐心看到的那一页。这是拼多多特别想让所有人知道自己业务水平的行业标准指标。如果一个投资人经常阅读电商行业的研报，肯定会特别关注经常出现的这四个指标。可能他刚刚看完京东和淘宝的GMV和

Annual orders，马上就能对比拼多多是否值得投资。**在电商行业，交易额、买卖双方活跃度和订单量已经构成了通用的价值投资体系**。对于一个公司来说，交易额高、买卖双方活跃度高和订单量高，这三高在财务上的直接体现就是收入高。**收入的增长率俨然已经成为判断企业是否高成长的关键。**

　　根据三分法我们首先突破优先级A的业务知识的"PROSPECTUS SUMMARY"。"PROSPECTUS SUMMARY"是招股说明书的简章，基本会介绍业务，行业，历史，股权架构等等内容。

　　首先对于"Our business"这一段业务的介绍，建议仔细阅读，它会概括公司从成立到上市阶段的商业模式的发展历程。比如拼多多，其商业模式经历了两个阶段：拼团自营生鲜阶段和目前平台经营阶段。

　　早在2015年的时候，拼多多创业时期做的主要是自营的生鲜团购业务，叫作"拼好货"。所谓自营模式，就是公司自己进货，自己销售，自己经营。"拼好货"主要是通过拼团的形式卖水果，利润也就是来自于水果售价和进货价之间的差价，当然，这种操作需要承担水果成本上涨的风险，也有周转不灵库存积压、运输损耗等等的风险。所以它第一阶段的商业模式可以描述为一个大型的线上水果店，还远远称不上是一个平台。后面篇幅我们将看到2016年的财务数据中，"拼好货"模式下的拼多多，理论上能赚取水果售价和进价之间的差价作为毛利，但实际上水果生鲜的毛利空间小，且迫于竞争压力通过团购方式拼命压缩售价，造成收入的减少，再加上因积压损坏的水果生鲜和运输损耗，第三方通道的支付成本，又造成了成本的增加，直接导致2016年拼多多的毛利率为负14.5%。

到了2016年，随着微信应用的进一步普及，分享朋友圈等功能的升级，拼多多发现了新的商机，那就是商品链接可以通过分享给微信好友以及朋友圈的形式进行迅速传播。拼多多锁定所有商品均要"team purchase"拼单下单的模式，通过社交工具的延伸，让亲朋好友、同事同学、群组里的任何人都可以迅速找到一起下单的那个人，从而实现交易量的翻倍增长。我们来看拼多多在"Our Business"里对商业模式转型下的业务及收入数据的披露。 业务数据也就是PPT中的四大之一GMV成交额，从2017年的RMB1 412亿到2018年仅第一季度就有RMB662亿，活跃用户数从2017年底的2.45亿上升到2018年第一季度的2.95亿，收入额从2016年的5亿上升到2017年度的17亿，2018年的一季度达到13.8亿。

也就是说，拼多多商业模式的成功转型使得其价值投资体系的四大指标有了质的飞跃，在财务上最直接的体现就是收入的增速，也就是增长率。从2017的2.45倍到2018的652倍（财报收入为131.2亿），一来验证其转型的成功，二来印证拼多多是个高速成长的企业。

在这里放一些行业数据供大家参考。

类别\公司	阿里巴巴	京东	拼多多
GMV 交易额（亿）	48 200	16 769	4 716
活跃用户数（亿）	6.36	3.05	4.19
活跃用户下单量（亿）	572	96	111
客单价（元）	84	175	42
市值（亿美元）	4 729	416	332

数据截至2018年

　　从上表大家可以一目了然感知拼多多与电商巨头阿里巴巴和京东的横向对比。阿里巴巴和京东的商品交易额GMV是拼多多的10.2倍和3.5倍，活跃用户数阿里巴巴最多但京东和拼多多旗鼓相当，用户下单量拼多多高于京东低于阿里巴巴，客单价京东最高，平均175元一单，阿里巴巴是84元，拼多多则是42元。以上几大核心指标的表现与拼多多业务战略方向不无关系。拼多多除了重视社交购物之外，非常关注用户下沉到国内三四线城市。国内三线以下城市占据着75%的人口，61%的网络购物人群比例，54%的可支配收入，56%的零售额。而三四线城市的用户对价格非常敏感，更注重性价比，并非一味看重品牌。因此拼多多在平台上的策略重视性价比，以便宜划算的商品陈列为主。虽然GMV京东是拼多多的3.5倍，但看公司的市值，拼多多和京东的估值却非常的靠近。市值代表着市场对公司价值的认可度，可以看到拼多多新的商业模式下，市场对其的认可度。

回到"Prospectus Summary"，下面的内容有点类似SWOT分析法。S（strengths）是优势、W（weaknesses）是劣势、O（opportunities）是机会、T（threats）是威胁。"Our industry"对中国的宏观经济，电商行业的概况进行描述，可以理解为拼多多生存和发展的机会。"Our strengths""Our strategies"和"Our challenges"则是拼多多对自身优劣势以及面临挑战的分析。

拼多多认为自己区别于市场上的竞争者的亮点在于，开创社交购物的新型电商平台模式，提供有质量保证的极具性价比的商品，有趣的交互购物体验，持续性IT的投入，创始人以及管理团队强有力的IT以及运营背景。这段竞争力的陈述给大家最直接的印象就是新型电商平台模式的开创，也就是拼多多的商业模式的转型。后面我们也可以看看拼多多在IT费用上是不是如它所说的，一直都在投入。

作为成长型公司，拼多多的战略点在于：1.扩大购买人群的数量以及提高互动性；2.扩展商品类型和种类；3.提高品牌认知度以及继续加强保证商品的质量；4.提高IT技术的应用性；5.寻找合适的投资和扩张机会以及吸引人才。以上都是拼多多想保证高速成长要投入的。所以就像IT费用的支出一样，稍后我们在财报中也可以去看，它为了扩大购买人数的数量，提高大家的互动性，也就是增加购买订单量都投入了什么。

在竞争激烈的电商行业，拼多多又面临着什么挑战呢？1.保持高增长率；2.不断了解客户需求并且提供有吸引力和合适的商品；3.维持并且不断提高品牌的影响力；4.不过多依赖商铺和供应商的物流和发货能力；5.不断扩展人群数量；6.不断提高商品质量的控制政策；7.遵守中国相关法律法规；8.建立和维持与商铺的良好关系；9.维持与业务匹配的IT架构图；10.防止商铺、客户隐私信息的泄露。其实对于拼多多来说，最具有挑战的就是如何保持高的增长率，不断扩展用户数量，不断获取新的客户，增加订单量和收入额。以上的几个问题，会在相关财报数据为大家点明。

通常下一篇幅是对公司的历史以及股权架构的沿革介绍。如果有图的话，直接看图即可。一般来说在美国上市的中国互联网、高科技等行业公司都会搭建VIE（Variable Interest Entities）的股权架构。搭建VIE架构的主要原因是外资入股上述行业从法律层面会有很大限制，所以VIE架构是想在海外市场融资的互联网企业的主要方式。拼多多在境外设置了Cayman和Hong Kong公司，境内设置WOFE

（Wholly Owned Foreign Enterprise，外商投资企业），三家外资100%控股的"Hangzhou Weimi""Shanghai Pinduoduo Network Technology"和"Shenzhen Qianhai Xinzhijiang Information Technology"。境外HK公司与境内公司通过VIE协议控制的形式来确认实际控制权。

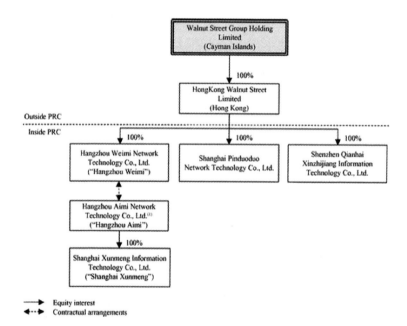

以上是对拼多多招股说明书简章内容的浏览，无论是从拼多多的战略方向抑或者面临的挑战，商业模式的转型和高增长率都是无法避开的两个特征。现在我们直接从优先级A的财务内容出发来看收入额、收入组成以及增长率，印证前面的内容。

请先从目录找到 "SUMMARY CONSOLIDATED FINANCIAL
DATA AND OPERATING DATA"。

	For the Year Ended December 31,			For the Three Months Ended March 31,		
	2016	2017		2017	2018	
	RMB	RMB	US$	RMB	RMB	US$
			(in thousands, except for per share data)			
Summary Consolidated Statement of Comprehensive Loss Data:						
Revenues						
Online marketplace services	48,276	1,740,691	277,508	33,634	1,384,604	220,738
Merchandise sales	456,588	3,385	540	3,385	—	—
Total revenues	**504,864**	**1,744,076**	**278,048**	**37,019**	**1,384,604**	**220,738**
Costs of revenues[1]						
Costs of online marketplace services	(93,551)	(719,778)	(114,750)	(51,381)	(318,700)	(50,808)
Costs of merchandise sales	(484,319)	(3,052)	(487)	(3,052)	—	—
Total costs of revenues	**(577,870)**	**(722,830)**	**(115,237)**	**(54,433)**	**(318,700)**	**(50,808)**
Gross (loss)/profit	**(73,006)**	**1,021,246**	**162,811**	**(17,414)**	**1,065,904**	**169,930**
Operating expenses						
Sales and marketing expenses[1]	(168,990)	(1,344,582)	(214,358)	(73,870)	(1,217,458)	(194,091)
General and administrative expenses[1]	(14,793)	(133,207)	(21,236)	(108,597)	(28,761)	(4,585)
Research and development expenses[1]	(29,421)	(129,181)	(20,593)	(16,028)	(72,818)	(11,609)
Impairment of a long-term investment	—	(10,000)	(1,594)	—	—	—
Total operating expenses	**(213,204)**	**(1,616,970)**	**(257,781)**	**(198,495)**	**(1,319,037)**	**(210,285)**
Operating loss	**(286,210)**	**(595,724)**	**(94,970)**	**(215,909)**	**(253,133)**	**(40,355)**
Other income/(loss)						
Interest income	4,460	80,783	12,879	7,503	50,163	7,997
Foreign exchange gain/(loss)	475	(11,547)	(1,841)	(136)	(2,136)	(341)
Change in the fair value of the warrant liability	(8,668)	—	—	—	—	—
Other (loss)/income, net	(2,034)	1,373	219	819	4,085	651
Loss before income tax	**(291,977)**	**(525,115)**	**(83,713)**	**(207,723)**	**(201,021)**	**(32,048)**
Income tax expenses	—	—	—	—	—	—
Net loss	**(291,977)**	**(525,115)**	**(83,713)**	**(207,723)**	**(201,021)**	**(32,048)**
Net loss attributable to ordinary shareholders	(322,407)	(498,702)	(79,502)	(181,310)	(281,517)	(44,881)

　　财务报表三张表之一的利润表出现了。前面提到的股权
架构图也显示了，拼多多设置在Cayman的Walnut Street
Group Holding Limited（Holding公司）实际是集团公司的地
位，所以财务报表的表头是合并财务报表，也就是将Holding

公司下属所有有控股权的公司一并合并到财报的意思。

前面提到，收入增长率是判断企业是否高成长的关键，让我们用三分法拆分收入来印证一下，翻到78页"MANAGEMENT'S DISCUSSION AND ANALYSIS OF FINANCIAL CONDITION AND RESULTS OF OPERATIONS"，这部分内容对收入的组成有详细描述。我们将拼多多的收入按照业务类型切分为三小类：线上营销服务收入、佣金服务收入和商品销售收入。

	For the Year Ended December 31,					For the Three Months Ended March 31,				
	2016		2017				2017		2018		
	RMB	%	RMB	US$	%		RMB	%	RMB	US$	%
				(in thousands, except for percentages)							
Revenues:											
Online marketplace services:											
Online marketing services	—	—	1,209,275	192,787	69.3		—	—	1,108,100	176,657	80.0
Commission fees	48,276	9.6	531,416	84,721	30.5		33,634	90.9	276,504	44,081	20.0
Merchandise sales	456,588	90.4	3,385	540	0.2		3,385	9.1	—	—	—
Total revenues	504,864	100.0	1,744,076	278,048	100.0		37,019	100.0	1,384,604	220,738	100.0

公司的收入结构是基于公司的业务分类细分的，大家可以详细看收入占比变化。2016年商品销售占拼多多全年销售的90.4%，到了2017年只占到0.2%，2018年更是没有该业务类型。**可以看到，财务数据跟拼多多的商业模型是完全契合的。**线上营销服务收入2016年并没有，2017年一跃成为收入的主要组成69.3%，2018年则达到了80%。佣金服务收入则是从2016年的9.6%，到2017年的30.5%和2018年的20%。线上营

销服务收入与佣金服务收入的占比变化与拼多多的商业转型不无关系。

拼多多收入占比最大的线上营销服务收入具体是什么呢？大家打开APP浏览的时候，是不是会有开屏广告，百亿补贴区域会有各种品牌的滚动，点击这些图片，页面就会链接到商家的店铺里。这些页面的展位是带来销量的关键，商家需要付钱购买。如果想买"细毛牙刷"，搜索一下会出现各种商家的细毛牙刷。如果某个商家买了"细毛牙刷"这个关键字，那么他的商品将会出现在搜索第一名。大数据会推送符合你喜好的商品，但是哪家商家的产品会出现在你的首页，是付钱购买的结果。每天拼多多这些显眼的展位、排位靠前的关键字等等，都会以各种形式进行拍卖，拍卖所得当然全部归属拼多多了，这部分收入就叫作线上营销服务收入，它是拼多多最大的收入来源。这种收费模式并不是拼多多首创，著名的搜索引擎google才是这种玩法的开山鼻祖，百度和淘宝、抖音、头条都将它在中国发扬光大，现在已经非常成熟了。**所以，三分法解析出的第一条重要信息是：拼多多的主营收入来源于向商家收取的展位费等类似于广告服务的费用。**为何拼多多一直追求扩展购买人群，带来的却是商家的营销广告服务收入占比上升呢？因为商家做的展位广告是给用户看的，用户体量越大，拼多多能收取的营销广告费就越高。

佣金服务收入其实和商品销售服务收入是有关联的。每笔成功交易的订单，拼多多会向商家收取订单金额的0.6%作为佣金。

拼多多注重用户体验，希望吸引并且长期留住用户，基于社交网络的团购模式来刺激用户的下单量。用户的激增也带来了更多商家的入驻，更多的商家就会产生更有竞争力的商品价格，因此形成了一个良性的循环模式。拼多多注重从无论是人口还是销售额占全国半壁江山的三线以下城市进行获客，从前面的良性循环带来被当地用户更看重的性价比高的产品。所以价值投资体系里的四个核心业务指标，从2017年3月31日到2018年3月31的，无论哪个都是大幅上升。

	For the twelve-month period ended				
	Mar. 31, 2017	June 30, 2017	Sept. 30, 2017	Dec. 31, 2017	Mar. 31, 2018
Active buyers (in millions)	67.7	99.7	157.7	244.8	294.9
Annual spending per active buyer (RMB)	308.7	385.0	449.2	576.9	673.9
GMV (RMB in billions)	20.9	38.4	70.9	141.2	198.7

	For the three-month period ended				
	Mar. 31, 2017	June 30, 2017	Sept. 30, 2017	Dec. 31, 2017	Mar. 31, 2018
Average monthly active users (in millions)	15.0	32.8	71.1	141.0	166.2

除了维护用户体验和积攒大量用户量，作为收入最核心的来源，拼多多也铆足全力对商铺的服务业务进行推广和维护，开发工具让商铺对展位服务对销量的影响有更直观的认知，提供展位页面的持续升级，更新推荐功能的细节等更全面深度的营销服务。**所以三分法解析的第二条重要信息是，活跃用户越**

多，下单越积极，就能吸引更多商铺入住，拼多多"有限的"广告展位就会竞价越高，从而获取更多的收入。

刚刚用三分法拆解了收入，我们继续使用三分法来拆解收入、成本和毛利。请看下表：

单位：人民币（千元）

科目\年份	2016	2017	2018.1—3
收入	504 864	1 744 076	1 384 604
成本	577 870	722 830	318 700
毛利	−73 006	1 021 246	1 065 904

请注意因为拼多多上市是在2018年7月份，上市前递交的F-1披露的最近财务信息截止时间是2018年3月31日。上表给我们的直观感受是，拼多多的经营模式在2016到2017年转型之后，收入迅速上升。2017年收入是2016年的3.45倍，2018年3个月的收入已经是2017年的80%。毛利则由2016年的负7 300万，一度跃升到2017年的10.2亿，2018年一季度则达到了10.7亿。"拼好货"模式不仅无法带来收入的大幅上升，连毛利都是负数，也就是说这是一个不赚钱的商业模式。转型后的商业模式不仅扭亏为盈，也带来了持续的收入增长。**三分法解析的第三个关键信息来了，毛利是印证企业商业模式是否值得复制的关键指标，也是盈利性的重要指标之一。**"拼好货"模式

是亏损的商业模式，如果不转型，当时的拼多多肯定就破产了，也不可能实现一轮又一轮融资并上市。

	For the Year Ended December 31,					For the Three Months Ended March 31,				
	2016		2017			2017		2018		
	RMB	%	RMB	US$	%	RMB	%	RMB	US$	%
				(in thousands, except for percentages)						
Costs of revenues:										
Costs of online marketplace services:										
Payment processing fees	(51,864)	9.0	(541,320)	(86,300)	74.9	(33,994)	62.5	(163,666)	(26,092)	51.4
Costs associated with the operation of our platform	(41,686)	7.2	(178,458)	(28,450)	24.7	(17,387)	31.9	(155,034)	(24,716)	48.6
Costs of merchandise sales	(484,319)	83.8	(3,052)	(487)	0.4	(3,052)	5.6	—	—	—
Total costs of revenues	(577,870)	100.0	(722,830)	(115,237)	100.0	(54,433)	100.0	(318,700)	(50,808)	100.0

拼多多的成长性如何，我们在前面利润表中的收入表现就能看出：拼多多2017年一季度的收入是3 700万，但2018年一季度的收入达到了13个亿，也就是说，仅仅隔了一年的时间，拼多多的收入翻了将近40倍，这说明企业这段时间正处于一个爆发式的成长期，对于已经被阿里、京东两大巨头奠定格局的电商行业来说，拼多多可以说是异军突起，在激烈的市场中争得了自己的一片天地。所以，拼多多成长性高这一点非常显著。但我们也讲过看**成长性不能仅仅只看收入的增长，还要看这个增长是不是来自于主营业务的驱动。拼多多的发展经历了两种商业模式：拼团自营生鲜阶段和经营平台阶段，不同的商业模式决定了不同的盈利收入，**第二种模式让它具有更大的

利润空间。对电商而言，自营模式和平台模式孰优孰劣呢？这个并没有绝对的答案。事实上，两种商业模式都诞生了非常成功的企业，比如说京东，还有海外的巨头亚马逊都是从自营模式起家的。淘宝，则是平台模式的典型。当然，这些巨头胃口都很大，最初的商业模式成功以后，也会尝试发展另一种模式。比如淘宝的天猫超市就是淘宝在自营模式上的拓展，目前来看还是很成功的。

　　拼多多的成长性毋庸置疑，但是是高盈利的吗？利润表并没有结束，我们继续用三分法来重点解析一下盈利性，即利润表的三大利率：毛利率、经营利润率和净利润率，同样我们汇总一个表格如下：

科目\年份	2016	2017	2018.1—3
毛利率（毛利/收入）	−14.5%	58.6%	76.9%
经营利润率（经营利润/收入）	−57%	−34%	−18%
净利润率（净利润/收入）	−58%	−30%	−15%

　　毛利等于收入减去成本，因此在讲毛利率之前我们还是用三分法继续切分成本为三小类，和收入是匹配的。拼多多三小类的业务给公司带来了收入，势必也会耗费相应的成本。成本分别为销售商品成本、平台运营成本和支付成本。2016年"拼好货"模式下销售商品成本占83.8％，2017年销售

商品成本下降到0.4%。销售商品成本的下降也在印证拼多多的商业转型。支付成本是拼多多需要支付给第三方支付平台的成本，占比从2016年的9%，上升到2017年的74.9%，到2018年下降到51.4%。拼多多每一笔订单都要付给第三方支付平台，比如支付宝、微信等一定比例的手续费，所以这个成本是拼多多最主要的成本支出。平台运营成本主要是网络服务器成本、运维折旧、人力成本等与平台直接相关的成本，运营成本从2016年的7.2%，逐步上升到了2018年的48.6%。**这里，我们依然用三分法解析出第四条重要信息，平台运营成本的不断提高，与拼多多在"Prospectus Summary"里提到的战略方向，比如不断提高与用户和商铺的交互体验，加大IT投入和平台的建设、维护等都是直接相关的。**

所以结合成本明细来看，2016年拼多多在"拼好货"的模式下是负7 300万的毛利，也就是说销售商品的成本4.8亿实际已经比销售商品带来的收入4.6亿要多了，这是导致负毛利的核心原因。除此之外拼多多还得支付平台将近1亿的运营成本和支付成本。2017年业务转型之后的，拼多多迅速拿到了10.2亿的毛利。GMV和活跃用户的大幅上升也带来了线上营销服务收入的提高，拉大了销售的占比，增加了毛利上升的空间，因此2018年一季度的毛利就达到了10.7亿。

　　毛利不能完全说明拼多多的盈利性吗？答案是，盈利性除了看毛利率之外，还要看经营利润率和净利润率。这也是表格中直观展现的。我们先解释一下经营利润率和净利润率。经营利润指的是毛利扣除销售费用，管理费用之后的利润。净利润是在经营利润之外扣除非经营活动产生的支出，比如财务费用、汇兑损益、所得税等之后的利润。拼多多3年的经营利润率和净利润率全部都是负数。此时我们需要继续用三分法来获取利润率负数的原因以及拼多多盈利性的答案。

　　接着看成本的组成部分，也就是优先级A的财务相关的"MANAGEMENT'S DISCUSSION AND ANALYSIS OF FINANCIAL CONDITION AND RESULTS OF OPERATIONS"的"Results of Operations"的利润表，请大家仔细观察，这里每一行数据旁边都会有一列比例。该比例的意思就是该项数据占当年收入的比例。比如2016年的销售费用是1.68亿，旁边的33.5%就是销售费用／收入，也就是销售费用率。所以，从这个角度出发的利润表大家可以直观看到所有利润表科目与收入的比例关系。无论是前面的成本明细表或是成本下面的经营费用明细表，都只是展示了明细费用占合计总数的比例，并没有直观反映该成本费用与收入的关系。通过这张表我们可以看出为何拼多多转型后的毛利率为正，但是经营利润率和净利润率为负数了。

	For the Year Ended December 31,					For the Three Months Ended March 31,				
	2016		2017			2017		2018		
	RMB	%	RMB	US$	%	RMB	%	RMB	US$	%
				(in thousands, except for percentages)						
Revenues										
Online marketplace services	48,276	9.6	1,740,691	277,508	99.8	33,634	90.9	1,384,604	220,738	100.0
Merchandise sales	456,588	90.4	3,385	540	0.2	3,385	9.1	—	—	—
Total revenues	**504,864**	**100.0**	**1,744,076**	**278,048**	**100.0**	**37,019**	**100.0**	**1,384,604**	**220,738**	**100.0**
Costs of revenues[(1)]										
Costs of online marketplace services	(93,551)	(18.6)	(719,778)	(114,750)	(41.2)	(51,381)	(138.8)	(318,700)	(50,808)	(23.0)
Costs of merchandise sales	(484,319)	(95.9)	(3,052)	(487)	(0.2)	(3,052)	(8.2)	—	—	—
Total costs of revenues	**(577,870)**	**(114.5)**	**(722,830)**	**(115,237)**	**(41.4)**	**(54,433)**	**(147.0)**	**(318,700)**	**(50,808)**	**(23.0)**
Gross (loss)/profit	**(73,006)**	**(14.5)**	**1,021,246**	**162,811**	**58.6**	**(17,414)**	**(47.0)**	**1,065,904**	**169,930**	**77.0**
Operating expenses										
Sales and marketing expenses[(1)]	(168,990)	(33.5)	(1,344,582)	(214,358)	(77.1)	(73,870)	(199.5)	(1,217,458)	(194,091)	(87.9)
General and administrative expenses[(1)]	(14,793)	(2.9)	(133,207)	(21,236)	(7.6)	(108,597)	(293.4)	(28,761)	(4,585)	(2.1)
Research and development expenses[(1)]	(29,421)	(5.8)	(129,181)	(20,593)	(7.4)	(16,028)	(43.3)	(72,818)	(11,609)	(5.3)
Impairment of a long-term investment	—	—	(10,000)	(1,594)	(0.6)	—	—	—	—	—
Total operating expenses	**(213,204)**	**(42.2)**	**(1,616,970)**	**(257,781)**	**(92.7)**	**(198,495)**	**(536.2)**	**(1,319,037)**	**(210,285)**	**(95.3)**
Operating loss	**(286,210)**	**(56.7)**	**(595,724)**	**(94,970)**	**(34.1)**	**(215,909)**	**(583.2)**	**(253,133)**	**(40,355)**	**(18.3)**
Other income/(expenses)										
Interest income	4,460	0.9	80,783	12,879	4.6	7,503	20.3	50,163	7,997	3.6
Foreign exchange gain/(loss)	475	0.1	(11,547)	(1,841)	(0.7)	(136)	(0.4)	(2,136)	(341)	(0.2)
Change in the fair value of the warrant liability	(8,668)	(1.7)	—	—	—	—	—	—	—	—
Other (loss)/income, net	(2,034)	(0.4)	1,373	219	0.1	819	2.2	4,085	651	0.3
Loss before income tax	**(291,977)**	**(57.8)**	**(525,115)**	**(83,713)**	**(30.1)**	**(207,723)**	**(561.1)**	**(201,021)**	**(32,048)**	**(14.5)**
Income tax expenses	—	—	—	—	—	—	—	—	—	—
Net loss	**(291,977)**	**(57.8)**	**(525,115)**	**(83,713)**	**(30.1)**	**(207,723)**	**(561.1)**	**(201,021)**	**(32,048)**	**(14.5)**

拼多多的销售费用主要是线上线下的广告投放费用、促销费用以及与销售相关的其他费用支出。管理费用主要是管理类

人员工资、日常运营的基本费用等。研发支出主要是研发人员工资、平台研发相关的费用支出等。大家可以看到从2016年到2018年，拼多多对于广告投放、促销等相关的销售费用的支出是逐年提高，从2016年的33.5%，到2017年的77.1%，2018年甚至到了87.9%。就拿2018年来说，拼多多每赚100块钱，支付给三方支付渠道和平台运营23块，支付给广告商和给客户的优惠券87.9块。请注意，此时拼多多已经是自掏腰包了10.9块。但这还不够，支付日常运营和管理的费用2.1块，研发投入，比如正火的人工智能研究，大数据方向5.3块。也就是说从销售费用开始，拼多多已经是在做赔钱买卖了，一直在用股东的钱。那到这里一共亏了18.3块就结束了吗？并没有，这只是经营亏损。而非经营性利润，比如放到银行或者投资的理财产品的利息收入还有3.6块，外汇波动的影响亏了0.2块，其他跟经营活动无关的收入赚了0.3块，最终2018年拼多多每赚100块钱，亏损14.5块钱。

这里需要大家特别关注的是销售费用。上面提到拼多多2018年每赚100块钱就会拿87.9块去做营销活动。从财报中看到，拼多多光是2018年一季度就在广告上花了5个多亿，促销红包又发了5个多亿，销售费用加在一起有12个亿，而一季度的收入一共才13个亿，所以净利润就是这样被抹平的。**三分法帮我们解析的第五个重要信息是：不光毛利率是企业盈利性的**

衡量标准，经营利润率和净利润率同样也是衡量企业盈利性的标准，如果无法实现净利润，也就无法回报股东。

当然了，拼多多2018年一季度狂烧12亿的目的是为了推广、获客，也就是我们前面提及的拼多多要不断扩大用户的数量群，最终也是为了公司能持续提升盈利能力。对于大多数互联网企业，尤其是流量企业来说，这无可厚非。但是**怎样衡量烧钱的效果？**我们也需要借助指标来分析，常看的指标就是获客成本。为了计算获客成本，我们先要引入一个概念，叫作月活，也就是月度活跃用户数的简称，拼多多的月活达到了2.3亿，也就是一个月内有2.3亿次访问，这个数字非常惊人，而且还在不断增长。而**获客成本＝销售费用/新增活跃用户数**，所以要计算拼多多的获客成本，需要摘取拼多多的新增活跃用户数。2017年年底的月度活跃用户数是1.41亿，2018年1季度是1.66亿，一共增加了2 500万。2018年1季度的销售费用是12亿，拼多多的获客成本简单算一下是48块。对比一下同行，阿里的获客成本是270块，京东是400多块，**所以三分法解析的第六个重要信息就是，虽然拼多多的销售费用看上去很吓人，但是从获客的效果来看，比阿里和京东好太多了。单个获客成本也比同行业的领头羊低很多。**当然了，这个也侧面验证了拼多多把战场放在获客成本相对比较低的三四五线城市，是有道理的。

有的读者可能会有疑问，销售费用一直居高不下，不就说明拼多多很难实现最终的盈利吗？其实不然。拼多多目前还处于高速扩张的阶段，在推广上一定要非常舍得砸钱，不然就无法维持这种快速扩张、抢占市场份额的势头。等到后期市场占有率比较稳定的时候，就不用采用这么激进的推广方式，销售费用会更多地运用在维护客户上面，占收入的比例会逐步下降，公司就有盈利的可能了。淘宝每年在销售费用上砸200亿，比拼多多更慷慨，但是这些钱只占它收入的10%，所以淘宝的盈利能力相当惊人，简直是印钞机。

小结一下关于拼多多盈利性的分析：

首先，我们通过财报中收入一项了解到企业商业模式的变化，拼多多将自营模式转变为平台模式之后出现收入激增，对毛利率的贡献非常大。

其次，我们发现拼多多毛利率高，但是净利率亏损，拼多多花费了大量的销售费用用来获客，这一点可以在财报销售费用一栏得到印证。

最后，引入月活和获客成本这些概念，来衡量它烧钱效果如何，以判断未来的盈利可能。

看到这里，有些读者之前的想法：拼多多这么一家亏钱的公司，为什么还有人要投资他呢？为什么还可以不断拿到融资？是不是就有了答案。

讲完成长性和盈利性，我们再来看三分法下衡量拼多多的第三个维度——**流动性**。

让我们先回到目录页，继续翻到优先级A的"SUMMARY CONSOLIDATED FINANCIAL DATA AND OPERATING DATA"。下面是简版的合并资产负债表：

单位：人民币（千元）

科目\年份	2016.12.31	2017.12.31	2018.3.31
资产	1 770 751	13 314 470	21 346 009
负债	1 414 296	12 109 507	11 753 444
夹层权益	782 733	2 196 921	10 950 505
所有者权益	426 278	991 958	1 357 940

我们还是根据上面的数据，用三分法看看几个指标。

比率\年份	2016.12.31	2017.12.31	2018.3.31
资产负债率（负债/资产）	80%	91%	55%
净资产收益率（净利润/净资产）ROE	−82%	−44%	−2%

首先，来看一看资产负债率。

资产负债率是为了展示公司的资产中有多少是负债。一般来说这个比率要分立场去看，债权人可能会非常在意这个比例是否太低，但投资人可能认为借钱来购买资产进行企业活

动是市场通用的做法。拼多多的资产负债率波动很大，2016
年是80%，2017年上升到91%，2018年一季度又下降到
55%。与传统行业，比如房地产建筑或者金融行业超高的资产
负债率不同，互联网企业的资产负债率相对较低。有人曾统
计赴美上市的互联网公司平均资产负债为47%。阿里巴巴近
三年的资产负债率为37%，而京东近三年的资产负债率稳定
在61%。拼多多在经历了2016年的业务转型和2017年的融
资之后，2018年第一季度开始到2019年底资产负债率都稳定
在60%左右。虽然拼多多的资产负债率不及阿里巴巴那么健
康，但与市值接近的京东相比比较接近，作为一家新兴互联
网电商实属不易。

净资产收益率则是衡量股东资金使用效率的一个重要财务
指标。比如股东投了100块钱，在2016年的时候亏了82块钱，
2017年的时候亏损44块钱，到了2018年第一季度亏了2块钱。
**所以三分法又帮我们解析了第七个重要信息：拼多多虽然现在
处于亏损阶段，但自商业模式变更以来，投资亏损额不断收窄，
说明拼多多的盈利能力不断好转。**

再来看流动比率。我们继续将资产负债表用三分法进行拆
分。资产拆分为流动资产和非流动资产，负债拆分为流动负债
和非流动负债。区分流动和非流动就是为了更好的看企业财务
状况的流动性如何。

比率\年份	2016.12.31	2017.12.31	2018.3.31
流动比率（流动资产/流动负债）	1.24	1.08	1.56
应收账款周转天数［当期天数/（当期销售净收入/应收账款平均余额）］	n/a	10	7
固定资产周转天数［当期天数/（当期销售净收入/固定资产平均净值）］	n/a	1	1

　　流动比率是衡量企业资产变现偿还短期负债的能力。一般来说如果比率小于1，说明企业的流动性比较差，也就是资产都是短期内难以变现的。流动比率小于2大于1.5，说明流动性一般，如果流动比率大于2说明流动性好。但如果企业的流动资产比例过高，会影响获利能力。我们来看拼多多的流动比率数据，从2016年的1.24，下降到2017年的1.08，又上升到了2018年第一季度的1.56。

　　再回到拼多多的简版资产负债表，整体浏览一下它的流动资产和流动负债的主要组成。拼多多的流动资产和流动负债的组成比较简单。流动资产基本就是银行存款，应收平台款项、短期投资和预付账款。流动负债主要是应付账款和预收商户的押金。拼多多2016年银行存款（包括受限制现金）余额13.2亿，2017（包括受限制现金）年124.2亿，2018年第一季度

（包括受限制现金）166.8亿。受限制现金旁边标注有一个"1"，在下面有个附注，解释就是从客户那里拿到的需要付给商铺的款项均单独放在一个银行监管账户进行管理。所以受限制现金是拼多多并不能进行及时变现的一块资产，无法像银行存款进行支付和应收账款进行抵押。但拼多多在收到这笔客户已经支付但还未支付给商铺的款的同时，也会在流动负债中确认一笔应付商铺的款项，所以对流动比率的结果是没有影响的。在流动负债里还有一个科目余额很大，也就是商铺押金。大家可以看到从2016年的2.2亿一跃升到了2018年第一季度的24.1亿。拼多多宣传的是0元入驻，免费开店，但是如果商铺想在拼多多平台上开店，还是需要根据不同的类型缴纳从2 000到1万元不等的保证金，也就是押金。押金在商铺决定结束营业之后经过审核会予以退还。**所以三分法帮我们解析的第八条信息是，大幅增加到24.1亿的商铺押金余额跟拼多多的核心价值体系指标——截止到2018年一季度平台有大于100万的活跃商铺量是相对应的。**

应收账款周转天数表示在一个会计期间内公司的应收账款从确认开始到收回的平均天数。拼多多2017年的应收账款周转天数为10天，2018年第一季度更是上升到了7天。如今微信支付等第三方支付渠道的结算周期加快，所以拼多多的应收平台款项结算周期也随之下降。

固定资产周转天数也是表示在一个会计期间内公司的固定资产转换成现金的时间。拼多多这类型的互联网电商是轻资产公司，固定资产占资产的比重非常小，主要为电脑等办公设备。因此周转次数快，天数少。

三分法帮我们解析的第九条信息是，从资产负债表的角度看拼多多是一家典型的互联网公司，轻资产，周转快，流动性较好。 除了资产负债表，现金流量表也可以印证一家公司的流动性如何。还是回到 "SUMMARY CONSOLIDATED FINANCIAL DATA AND OPERATING DATA"，我们来看三张表的最后一张现金流量表。

	For the Year Ended December 31,			For the Three Months Ended March 31,		
	2016	2017		2017	2018	
	RMB	RMB	US$	RMB	RMB	US$
			(in thousands)			
Summary Consolidated Cash Flow Data:						
Net cash generated from operating activities	879,777	315,479	50,292	389,980	628,924	100,266
Net cash (used in)/generated from investing activities	(307,301)	71,651	11,424	(415,198)	(801,556)	(127,787)
Net cash generated from financing activities	486,538	1,398,860	223,012	767,507	5,824,568	928,573
Exchange rate effect on cash and cash equivalents	20,397	(47,681)	(7,601)	407	(75,799)	(12,084)
Net increase in cash and cash equivalents	1,079,411	1,738,309	277,127	742,696	5,576,137	888,968
Cash and cash equivalents at beginning of the year/period	240,432	1,319,843	210,414	1,319,843	3,058,152	487,541
Cash and cash equivalents at end of the year/period	1,319,843	3,058,152	487,541	2,062,539	8,634,289	1,376,509

这张表是一个简式现金流量表。可以看到2016年在"拼好货"转型到"拼多多"的模式中经营活动现金流入是8.8亿，拼多多2016年有新增将近10.9亿商户的应付账款，2.2亿商户的

押金等，预收客户的款项下降了1亿，综合导致经营活动现金流入8.8亿。经营活动的现金流入，就是拼多多销售商品、提供劳务收到的现金。现金流出就包括购买商品、劳务等支付的现金、支付给员工的现金、支付的税费等。假设没有额外的融资，拼多多是一家能自给自足的公司，通过经营活动的现金流入，能够养活自己。那如果经营活动现金净流出呢？也就是我们说的"烧钱"模式，公司自身的商业模式无法造血，靠着向银行借钱，向股东投资人融钱来弥补经营活动带来的现金流出。但无论是2016年还是2017年、2018年一季度的经营活动现金流均是净流入。这似乎和我们的认知有些相悖。因为作为一家还在亏损的互联网企业，拼多多自身的造血能力还未到形成正的现金流的地步，为什么还能创造现金流入呢？**通过三分法，我们解析的第十条信息是，拼多多的经营现金流入主要来源于巨大的押金收入**。作为一个平台，入驻拼多多的商家需要向它缴纳一定数量的押金，随着商家数量的快速增加，押金的金额也大幅上升，在2018年1季度为拼多多创造了6.4个亿左右的现金余额。

投资活动的现金流从2016年到2018年一季度均是净流出，也就是拼多多将银行账上的"闲钱"均拿到银行做理财。融资活动的现金流从2016年到2018年一季度共77亿。另外大家还可以重点关注一下"Off-Balance Sheet Commitments and

Arrangements"。一般来说，公司会披露未来五年已经签订合同需要支付的大额支出，比如租赁合同等。但如果公司为其他公司进行担保，可能并没有在资产负债表内体现的一些合约或者承诺，也需要在这里披露出来。

拼多多融资性现金流非常健康，上市之时包括腾讯、红杉在内的老股东又给它融了一轮资，给公司带来近60亿的现金。如果大家想了解拼多多被哪些主要股东掌握，可以搜索"PRINCIPAL SHAREHOLDERS"来查看股东明细以及拥有的股份占比。

Directors and Executive Officers**:	Ordinary Shares Beneficially Owned Prior to This Offering***		Ordinary Shares Beneficially Owned Immediately After This Offering	
	Number	%	Number	%
Zheng Huang[1]	2,074,447,700	50.7%		
Lei Chen[2]	*	*		
Zhenwei Zheng[3]	*	*		
Junyun Xiao[4]	*	*		
Haifeng Lin[5]	—	—		
Zhen Zhang[6]	—	—		
Nanpeng Shen[7]	181,830,600	4.4%		
Jianming Yu[8]	—	—		
Tian Xu	—	—		
All Directors and Executive Officers as a Group	2,277,078,300	55.5%		
Principal Shareholders:				
Entities affiliated with Zheng Huang[9]	2,074,447,700	50.7%		
Entities affiliated with Tencent[10]	754,887,740	18.5%		
Banyan Partners Funds[11]	412,381,220	10.1%		
Sequoia Funds[12]	302,612,640	7.4%		

截止到招股说明书发布日，拼多多的主要股东除了创始人黄峥持有50.7%，腾讯持有18.5%，剩下就是资本公司的入驻，

比如高榕资本10.1%以及红杉资本7.4%。无论是互联网巨头腾讯，还是红杉和高榕，都是风险投资界的"扛把子"，拼多多强大股东背景的加持也成为它迅速上市的重要砝码。

总结一下，截止到2018年一季度，拼多多的现金非常充裕，只要成本和费用支出不要过于奔放和激进，短期之内的流动性不会出现太大问题。

此外，我建议大家去看一下创始人团队的介绍。因为除了好的盈利模式之外，创始人以及团队背景和能力也是投资人关注的焦点之一。拼多多的团队整体很年轻。创始人黄峥，浙江大学本科和美国威斯康星大学麦迪逊分校的研究生均是计算机科学专业，是Google的工程师、项目经理以及Google中国的数据专家。曾经创立过一家B2C电商平台Ouku。其他三名创始人陈磊、郑振伟和肖俊云的背景与黄峥紧密相连，要么就是浙大或者威斯康星大学的同学，要么就是google或者Ouku的同事。所以创始人团队的互联网基因也决定了拼多多的基因是一个互联网公司。剩下的高层团队，通常是股东们挑选的人来入驻，比如腾讯的林海峰，高榕资本的张震和红杉资本的沈南鹏等等。

通常财报的后面一部分，比如拼多多的招股说明书从208页开始是他们聘请的会计师事务所出具的审计报告和已经审计的财务报表，会根据三表以及附注的固定格式对拼多多的重大科目进行解释和明细的列式。重要以及值得大家关注的内容已经在招股说明书的前面披露过，如果大家还想对拼多多的会计政策和会计估计的应用，比如收入的确认和计量，资产折旧的年限，金融工具的公允价值的计量等内容有更多的了解，可以在这一段篇幅里查找到。

大家还会看到2018年第一季度的报表是独立于2016和2017年的。在2018年的下面有一个未经审计的报表数（Unaudited），即是会计师告诉大家，2018年的数字并没有经过他们的审计程序，是按照要求而进行的披露。

	Note	As of				
		December 31, 2017	March 31, 2018		March 31, 2018	
		RMB	RMB	US$	RMB	US$
					Pro-forma shareholders' equity	
			(Unaudited)		(Unaudited)	
ASSETS						
Current Assets						
Cash and cash equivalents		3,058,152	8,634,289	1,376,509		
Restricted cash		9,370,849	8,058,398	1,284,698		
Receivables from online payment platforms		88,173	113,525	18,099		
Short-term investments		50,000	850,000	135,510		
Amounts due from related parties	9	442,912	515,497	82,182		
Prepayments and other current assets	3	127,742	210,850	33,615		
Total current assets		13,137,828	18,382,559	2,930,613		
Non-current assets						
Long-term investment		5,000	—	—		
Property and equipment, net	4	9,279	9,897	1,577		
Intangible asset	5	—	2,789,354	444,689		
Loan to a related party	9	162,363	164,199	26,177		
Total non-current assets		176,642	2,963,450	472,443		
Total Assets		13,314,470	21,346,009	3,403,056		

F-50

除了以上内容，我还想给大家分享拼多多资产负债表里出现的两个权益，一个是夹层权益，另外一个就是通常意义上的所有者权益。我们先通过搜索的方式"Mezzanine equity"找到夹层权益的明细。夹层权益是美国会计准则里的一个概念，常见的形式也就是拼多多这里的"Convertible redeemable Preferred Equity"（可转换可赎回优先股）。因为拼多多是一直在资本市场上寻找资金，所以融资会一轮接着一轮。那么可转换可赎回优先股的好处就在于，这些融资根据公司的经营状

| | As of March 31, 2018 | | | | | |
| | Actual | | Pro Forma (in thousands) | | Pro Forma As Adjusted[(8)] | |
	RMB	US$	RMB	US$	RMB	US$
Mezzanine equity:						
Series A1 convertible preferred shares (US$0.000005 par value; 71,849,380 shares authorized, issued and outstanding as of March 31, 2018)	28,817	4,594	—	—		
Series A2 convertible preferred shares (US$0.000005 par value; 238,419,800 shares authorized, issued and outstanding as of March 31, 2018)	104,718	16,695	—	—		
Series B1 convertible preferred shares (US$0.000005 par value; 211,388,720 shares authorized, issued and outstanding as of March 31, 2018)	219,448	34,985	—	—		
Series B2 convertible preferred shares (US$0.000005 par value; 27,781,280 shares authorized, issued and outstanding as of March 31, 2018)	29,451	4,695	—	—		
Series B3 convertible preferred shares (US$0.000005 par value; 145,978,540 shares authorized, issued and outstanding as of March 31, 2018)	153,009	24,393	—	—		
Series B4 convertible preferred shares (US$0.000005 par value; 292,414,780 shares authorized, issued and outstanding as of March 31, 2018)	327,786	52,257	—	—		
Series C1 convertible preferred shares, net of subscription receivable of RMB13,758 (US$2,000) as of December 31, 2017 (US$0.000005 par value; 56,430,180 shares authorized, issued and outstanding as of March 31, 2018)	96,052	15,313	—	—		
Series C2 convertible preferred shares (US$0.000005 par value; 238,260,780 shares authorized, issued and outstanding as of March 31, 2018)	638,863	101,850	—	—		
Series C3 convertible preferred shares (US$0.000005 par value; 241,604,260 shares authorized, issued and outstanding as of March 31, 2018)	679,273	108,292	—	—		
Series D convertible preferred shares (US$0.000005 par value; 551,174,340 shares authorized, issued and outstanding as of March 31, 2018)	8,673,088	1,382,693	—	—		
Total mezzanine equity	**10,950,505**	**1,745,767**				
Shareholders' deficits:						
Class A ordinary shares (US$0.000005 par value; 6,208,214,480 shares authorized; 42,486,360 issued and outstanding on actual basis; 2,117,988,420 issued and outstanding on a pro forma basis; issued and outstanding on a pro forma as adjusted basis)	1	—	66	11		
Class B ordinary shares (US$0.000005 par value; 1,716,283,460 shares authorized; 1,716,283,460 issued and outstanding on actual basis; 1,716,283,460 shares issued and outstanding on a pro forma basis; 1,716,283,460 shares issued and outstanding on a pro forma as adjusted basis)	53	8	53	8		
Additional paid-in capital[(2)]	74,936	11,947	11,025,376	1,757,703		
Accumulated other comprehensive loss	(121,176)	(19,318)	(121,176)	(19,318)		
Accumulated deficits	(1,311,754)	(209,124)	(1,311,754)	(209,124)		
Total shareholders' (deficits)/equity[(2)]	**(1,357,940)**	**(216,487)**	**9,592,565**	**1,529,280**		
Total capitalization[(2)]	**21,346,009**	**3,403,056**	**21,346,009**	**3,403,056**		

况，比较好的时候可以转为股票，经营惨淡的时候可以按照固定利率计算利息并且赎回。所以美国准则要求，将该夹层权益列式在负债和权益之前。

根据明细可以看到在2018年的第一季度末，从A1轮到D轮拼多多授予的可转换优先股股数和价值。也就是说每一轮融资，都有股东被授予这类可转换优先股。

拼多多的2019年6K已经在官方网站上发布，我们可以下载最新的拼多多财报数据并将刚刚通过三分法解析出来的十条信息，在6K的财报上继续印证。

解析一：拼多多的主营收入来源于向商家收取的展位费等类似于广告服务的费用。

我们在6K的开篇"highlight"部分里可以看到，2019年的收入较2018年上浮130%，上浮主要来源于在线营销服务收入，其中在线营销服务收入的增长为133%，销售佣金服务收入的增长为107%。所以可以看到2019年拼多多的主营收入依然是商家的展位广告服务收入。

解析二：活跃用户越多，下单越积极，就能吸引更多商铺入住，拼多多"有限的"广告展位就会竞价越高，从而获取更多的收入。

拼多多2019年活跃用户数为5.85亿，较2018年增长40%。阿里巴巴2019年活跃用户数为7.11亿，京东2019年活跃用户数为3.62亿。2019年拼多多GMV突破万亿大关，实现了10 000.6亿的交易额，比2018年增加了113%。万亿的交易额对于电商企业而言意义重大。就整个电商行业而言，创立不到5年的拼多多是最快突破万亿交易额的电商平台，阿里巴巴和京东分别用了14年和20年的时间。2019年国家网上商品零售额为106 324亿元，比上年增长16.5%。阿里巴巴2019年GMV为5.727万亿，同比增长19%。京东2019年GMV为2.085 4万亿，同比增长22%。

从以上2019年拼多多核心业务数据以及同行业对比可以看出，拼多多活跃用户数和全年交易额不断增长，带来的直接影响就是收入上升130%。

解析三：毛利是印证企业商业模式是否值得复制的关键指标，也是盈利性的重要指标之一。

单位：人民币（千元）

科目\年份	2017	2018	2019
收入	1 744 076	13 119 990	30 141 886
成本	722 830	2 905 249	6 338 778
毛利	1 021 246	10 214 741	23 803 108

大家肯定对拼多多2016年"拼好货"模式和2017年开始的新商业模式印象深刻。对比2017年到2019年的数据，大家

可以清晰地看到，新的商业模式之后，拼多多的毛利从2017年的10亿，上升到2018年的102亿，2019年更是较2018年增长了133%达到了238亿。也就说明了现有的商业模式是值得不断去复制的。

解析四：平台运营成本的不断提高，与拼多多在"Prospectus Summary"里提到的战略方向，比如不断提高与用户和商铺的交互体验，加大IT投入和平台的建设、维护等都是直接相关的。

6K财报的利润表里，线上运营成本2018年为2.9亿元，2019年上升到了6.4亿元。另外研发支出我也列式一下。120%的上浮印证了拼多多对平台运营的加大投入。拼多多投入的AI和大数据方向，体现在研发支出上，也从2016年的2 900万，一路增加到了2019年的38.7亿，已经占到收入的12.8%。所以增加IT投入对于拼多多来说真的是战略性的投入。

单位：人民币（千元）

科目\年份	2016	2017	2018	2019
研发支出	29 421	129 181	1 116 057	3 870 358

解析五：不光毛利率是企业盈利性的衡量标准，经营利润率和净利润率同样也是衡量企业盈利性的标准，如果无法实现净利润，也就无法回报股东。

单位：人民币（千元）

科目\年份	2017	2018	2019
毛利率（毛利/收入）	58%	78%	79%
经营利润率（经营利润/收入）	−34%	−82%	−28%
净利润率（净利润/收入）	−30%	−78%	−23%

2017年以及2018年一季度的数据，无论是经营利润率还是净利润率，趋势是收紧的。但从2018年全年来看，却有了很明显的上浮。我们看利润表的明细项，发现2018年的销售费用和管理费用，分别占到收入的102%和49%。2017年两项占比77%和7.6%，2019年这两项则是90%和4%。管理费用我们可以从2018年的年报（P91）看到解释说增加主要是因为拼多多发放的员工期权激励费用，合计金额62.8亿。如果把这项特殊项拉掉之后再看，经营利润率和净利润率恢复了正常趋势，与2017年基本持平，2019年经营亏损和净亏损均有收窄。

解析六：虽然拼多多的销售费用看上去很吓人，但是从获客的效果来看，比阿里和京东好太多了。单个获客成本也比同行业的领头羊低很多。

获客成本＝销售费用/新增活跃用户数，2019年第四季度平均月度用户为4.8亿，比2018年第四季度增加了2.1亿，2018年月度活跃用户又比2017年增加了7 000万。2018年一季度单

个获客成本只有48块钱，而2018年全年因为执行了"百亿补贴"的营销政策，单个获客成本已经上升到了192块钱，2019年下降到了129块钱。获客成本因为不同渠道的投放成本影响所以会波动，但无论如何，拼多多的获客成本都低于同行业阿里巴巴的400元和京东的340元。

	2018	2019
获客成本（元）	192	129
新增月度活跃用户数（万）	7 000	21 000
销售费用（千元）	13 441 813	27 174 249

解析七：拼多多虽然现在处于亏损阶段，但自商业模式变更以来，投资亏损额不断收窄，说明拼多多的盈利能力不断好转。

比率\年份	2018	2019
资产负债率（负债/资产）	56%	60%
净资产收益率（净利润/净资产）ROE	−24%	−9%
市盈率（股价/每股收益）P/E	n/a	n/a

可以看到拼多多的资产负债率比较稳定，两年固定在50%—60%，比前两年的负债占比都低。净资产收益率确实在收窄，2019年上升到负9%主要是新增资本带来的，如果不考虑增资的情况，那么净资产收益率收窄在-13%，确实说明拼多

多的盈利情况在不断好转。

解析八：大幅增加到24.1亿的商铺押金余额跟拼多多的核心价值体系指标——截止到2018年一季度平台有大于100万的活跃商铺量是相对应的。

截至2019年年底应付商铺的押金余额为78亿，已经比2018年第一季度的24亿增加2.25倍，活跃商铺也从当年的100多万上升到了360多万，商铺增加2.6倍与押金余额的增加也是吻合的。

解析九：从资产负债表的角度看拼多多是一家典型的互联网公司，轻资产，周转快，流动性较好。

比率\年份	2018.12.31	2019.12.31
流动比率（流动资产/流动负债）	1.66	1.60
应收账款周转天数［当期天数/（当期销售净收入/应收账款平均余额）］	5	8
固定资产周转天数［当期天数/（当期销售净收入/固定资产平均净值）］	1	0

从2019年年底的财报数据来看，拼多多确实是一家轻资产，周转快，流动性好的互联网公司。

解析十：拼多多的经营现金流入主要来源于巨大的押金收入。

虽然6K里没有列出现金流量表的明细组成部分，但2019

拼多多简易合并现金流量表

单位：人民币和美元（千元）

	For the three months ended December 31,			For the year ended December 31,		
	2018	2019		2018	2019	
	RMB (Unaudited)	RMB (Unaudited)	US$ (Unaudited)	RMB	RMB (Unaudited)	US$ (Unaudited)
Net cash flow generated from operating activities	5,732,397	9,598,013	1,378,668	7,767,927	14,820,976	2,128,900
Net cash flow used in investing activities	(238,635)	(11,461,872)	(1,646,395)	(7,548,509)	(28,319,678)	(4,067,867)
Net cash flow (used in)/generated from financing activities	(13,936)	893,899	128,401	17,344,357	15,854,731	2,277,390
Effect of exchange rate changes on cash, cash equivalents and restricted cash	(66,967)	(50,260)	(7,219)	546,910	450,142	64,659
Increase/(decrease) in cash, cash equivalents and restricted cash	5,412,859	(1,020,220)	(146,545)	18,110,685	2,806,171	403,082
Cash, cash equivalents and restricted cash at beginning of period / year	25,126,827	34,366,077	4,936,378	12,429,001	30,539,686	4,386,751
Cash, cash equivalents and restricted cash at end of period / year	30,539,686	33,345,857	4,789,833	30,539,686	33,345,857	4,789,833

年公司经营活动现金流入148亿，除了线上运营服务收入的增加之外，2019年应付商铺的余额比2018年增加了126亿，押金余额增加了36亿。投资活动现金流入了158亿。如果搜索新闻大家会发现，拼多多2019年度在市场上进行了一轮超过10亿美金的增发，用于"农产品上行"和"新品牌计划"。大家可以看到，我们解析的第十条的情况有所变化，对于2019年的拼多多来说，经营现金流入主要不再是商铺的押金，而是线上营销服务收入的增加。这对于高成长的拼多多来说，是一个良好的信号。另外拼多多成功发行的10亿美金可转债，不仅印证了拼多多有充足的现金流储备，也说明了其依然是被资本看好的宠儿。

我们运用三分法的方法对拼多多招股说明书进行解析，并得出了10条重要的信息，最终在2019年的财报上加以印证，大家是不是对三分法的运用更加的熟练了呢?

第八章

实战篇（3）"龙头型"上市公司实例分析

前几章我们分析了顺丰控股和拼多多，它们分别是高速发展型公司和新兴崛起型公司的代表。本章我们将分析另外一类公司：龙头成熟型公司，看看这类公司的财报有什么特点，对于投资有什么启示。我们选取的案例大家耳熟能详，它就是经常在广告和餐桌中出现的"涪陵榨菜"。

为了研究这个案例，我查了一些涪陵榨菜的资料。不查不知道，原来涪陵榨菜位居世界三大名腌菜之首。排在它后面的是法国酸黄瓜和德国甜酸甘蓝。不仅如此，小小榨菜背后蕴藏着大生意，一包售价2块左右的乌江牌涪陵榨菜竟然撑起了175亿元的市值，被称为"腌菜行业的茅台"。

我们先简单对涪陵榨菜做一个介绍，告诉大家这个产业是怎么形成的。

涪陵榨菜主要从事榨菜、萝卜、泡菜、下饭菜和其他佐餐开胃菜等方便食品的研制、生产和销售，是全国最大的佐餐开胃菜企业。在行业中，公司产销量处于领先地位，产品有较高市场占有率，品牌具有很高的知名度和美誉度。这些年来，其产品竞争力得到较大提高，主营业务的稳健度进一步提升，盈利能力保持稳定。

在中国，榨菜的主要产地有两个，一个是浙江余姚，一个就是涪陵。涪陵是重庆的一个区，距离重庆市中心大约需要一个半小时的车程，土壤和气候条件非常适宜青菜头的生长，这个正是榨菜的主要原材料。

在传统工艺时代，涪陵地区的自然微风能够在几天之内让青菜头脱去60%的水分，所以相比于其他脱水工艺榨菜口感独特，且制作成本更低，使得当地制作榨菜的厂商非常多。随着技术的进步，传统的榨菜生产工艺被更稳定、效率更高的自动化生产线替代。当地小作坊发展壮大，逐渐形成了榨菜产业带。了解了产业的形成之后，**我们还是按照之前几章分析上市公司的三板斧：成长性、流动性和盈利性，拆解分析一下涪陵榨菜的财务报表。**

首先来看一下成长性。

下图为"重庆市涪陵榨菜集团股份有限公司2019年年度报告全文"第6页的截图。看到营业收入我们不妨先简单计算感受一下。拿2017年举例，单年总收入是15亿元，一包榨菜平均1.5到2元，15亿意味着公司全年卖出10亿多包榨菜！平均下来大部分的中国人至少每年消费一包涪陵榨菜，这个销量是非常惊人的。

涪陵榨菜财报中显示2019年、2018年、2017年三年的总收入分别为19.9亿、19.1亿和15.2亿，乍看近两年涪陵榨菜的收入增长率仅为3.93%。

重庆市涪陵榨菜集团股份有限公司 2019 年年度报告全文

6

四、注册变更情况

组织机构代码	无变更
公司上市以来主营业务的变化情况（如有）	无变更
历次控股股东的变更情况（如有）	2013 年 9 月 25 日，公司控股股东由重庆市涪陵区国有资产监督管理委员会变更为重庆市涪陵国有资产投资经营集团有限公司，重庆市涪陵区国有资产监督管理委员会仍为公司实际控制人。

五、其他有关资料

公司聘请的会计师事务所	
会计师事务所名称	天健会计师事务所（特殊普通合伙）
会计师事务所办公地址	杭州市江干区钱江路 1366 号华润大厦 B 座
签字会计师姓名	李青龙、赵兴明

公司聘请的报告期内履行持续督导职责的保荐机构
□ 适用 √ 不适用

公司聘请的报告期内履行持续督导职责的财务顾问
□ 适用 √ 不适用

六、主要会计数据和财务指标

公司是否需追溯调整或重述以前年度会计数据
□ 是 √ 否

	2019 年	2018 年	本年比上年增减	2017 年
营业收入（元）	1,989,593,123.12	1,914,353,929.10	3.93%	1,520,238,658.64
归属于上市公司股东的净利润（元）	605,141,874.33	661,719,638.12	-8.55%	414,142,244.09
归属于上市公司股东的扣除非经常性损益的净利润（元）	563,230,018.77	638,251,520.17	-11.75%	393,341,767.14
经营活动产生的现金流量净额（元）	516,502,463.03	559,381,764.69	-7.67%	522,782,708.32
基本每股收益（元/股）	0.77	0.84	-8.33%	0.52
稀释每股收益（元/股）	0.77	0.84	-8.33%	0.52
加权平均净资产收益率	22.65%	30.08%	-7.43%	23.76%

再看看"重庆市涪陵榨菜集团股份有限公司2017年年度报告全文"第7页的截图，2017年的收入比2016年增长了将近36%，2018年收入也比2017年增长26%。

六、主要会计数据和财务指标

公司是否需追溯调整或重述以前年度会计数据

□ 是 √ 否

	2017 年	2016 年	本年比上年增减	2015 年
营业收入（元）	1,520,238,658.64	1,120,805,953.02	35.64%	930,658,889.10
归属于上市公司股东的净利润（元）	414,142,244.09	257,228,870.02	61.00%	157,369,576.68
归属于上市公司股东的扣除非经常性损益的净利润（元）	393,341,767.14	231,587,285.00	69.85%	149,244,512.49
经营活动产生的现金流量净额（元）	522,782,708.32	402,829,732.21	29.78%	244,643,728.72
基本每股收益（元/股）	0.52	0.33	57.58%	0.20
稀释每股收益（元/股）	0.52	0.33	57.58%	0.20
加权平均净资产收益率	23.76%	17.56%	6.20%	12.85%
	2017 年末	2016 年末	本年末比上年末增减	2015 年末
总资产（元）	2,484,313,836.16	1,932,370,009.84	28.56%	1,660,047,136.92
归属于上市公司股东的净资产（元）	1,927,936,251.52	1,566,417,823.53	23.08%	1,374,968,723.71

通过以上纵向对比，可以发现涪陵榨菜并不是每年都保持着30%左右的高速增长。事实上，2017年的36%已经是历年来最高的增速了。在这之前，甚至有接近0增长的年份，比如2015年和2012年，以及后来的2019年。为什么增速的波动这么大呢？我们需要从公司所处的阶段以及影响收入增速的一些因素来了解背后的原因。

我们知道，任何一家公司在刚刚兴起的时候，只要摸索出了成功的商业模式，收入都是爆发式的增长，比如上一章讲的拼多多就是典型的代表；公司进入成长期时，业务结构相对比较稳定，收入呈现稳定的上升，比如顺丰。成熟期以后，公司每一个增长点都会变得非常困难。到了衰退期，增长率会逐渐下降甚至出现负增长。所以我们必须结合企业本身的发展阶段来判断它的增速是否合理。

涪陵榨菜成立于1988年，距今已经有超过30年的历史了，发展到今天，形成了相对比较稳固的产品格局和销售网络，可以说它已经到达了**成熟期**，所以收入不会出现爆发式的增长，而是随着宏观环境和微观因素的影响有一定的波动，也就是大家常说的"周期"。

涪陵榨菜的收入增长主要由两个因素决定：一个是单价，一个是数量，单价×数量就是它的收入。打开2017年的年报，在14页可以看到公司2017年全年销售量是13万吨，比2016年的11.1万吨增长了17%。有了销售量，我们就可以简单地计算一下榨菜的单价，也就是用销售收入除以销售量。对比2016年的数据可以发现，2017年单价是1.16万元/吨，2016年是1万元/吨。涪陵榨菜在2017年对产品单价进行了16%的上调。但这次涨价并没有对销售量产生负面影响，销量的上浮依旧说明这次涨价比较成功。

事实上，涪陵榨菜历史上一共进行过5次涨价，其中只有2011年和2017年的涨价是成功的，其余几次都伴随着销量的大幅下滑。涨价的成功与否与消费者的承受能力息息相关。榨菜的主要消费人群过去主要是低收入与流动人口，比如进城务工的农民工，他们的消费能力有限，对价格比较敏感，所以提升价格非常困难。但随着消费人群的扩大，榨菜的消费人群从流动人口变成了家庭消费，甚至餐馆中也加入大量榨菜。这部分消费者，尤其是家庭和餐馆客户，对榨菜价格并不敏感。这使得2017年提高单价的情况下，销量不降反增。**量、价同时上涨，这就是2017年涪陵榨菜业绩这么好的主要原因**。因此，消费者结构的升级对涪陵榨菜集团销售收入的驱动是很明显的。

"周期"除了成熟期之外，当然还有终将到来的衰退期，就像我们每一个人，逃不过生老病死。那怎么才能判断企业是病了还是老了，甚至是快不行了呢？我们来看下涪陵榨菜2019年的财务简报：营业总收入19.9亿，净利润6.0亿；2018年：营业总收入19.1亿，净利润6.6亿。从涪陵榨菜以前年度财报数据来看，营业总收入从2016年到2018年均保持在30%左右的增速，但是2019年增长率跌至3.93%。更细心的读者甚至会发现，虽然2019年营业总收入增长了将近8 000万，但是净利润却下降了6 000万，这是不是企业的成长性下降的信号，是不是表示涪陵榨菜已经进入了"衰退期"或者快要不行了呢？

我们继续看涪陵榨菜在2019年财务简报对其销售额下降的解释：

重庆市涪陵榨菜集团股份有限公司 2019 年年度报告全文

10

（五）报告期业绩驱动因素

报告期内，国内宏观经济增速放缓，公司产品销售市场快速调整变化，传统渠道销量下滑，部分地区销售失序，导致公司产品销量同比下滑。为了适应市场调整变化，公司按照 适应变化，主动改变，做中国佐餐开味菜行业领导者！的战略方针，实施了渠道创新做通下县、品类独立推广、销售队伍裂变的调整策略，销售费用增加，导致公司净利润同比下降。管理上狠抓了标准化，生产上持续推进精品战略，并立足未来，抓技术创新，对公司业务进行了系统规划，完成了榨菜、餐饮泡菜、川调酱三大战略品类智能化生产规划，为公司下一步发展奠定了基础。

1. 国内宏观经济增速放缓

这种解释比较官方，大概意思就是说受大环境的影响所以导致销量下降，但是我们也要知道，涪陵榨菜的同类竞品也受大环境影响，所以横向比较如果大家销量都不行了，那是整个行业进入了衰退期，是合理的；但是如果别人家销量依然稳定增长，就你家销量受了宏观经济放缓的影响，就说不过去了。

2. 公司产品销售市场快速调整变化

公司2019年的财报在第三节业务概要提到"公司采用经销制为主和电商平台补充的方式实现公司产品的销售，最大化覆盖市场终端；销售货款主要采用先款后货的结算方式，有力保障公司充裕的现金流以及防止坏账的发生"。

这句的意思是说原来所采取的单一经销制让公司销量逐年稳定上升，但是新的电商市场的崛起，让公司原本的单一经销制的模式受到了挑战，销量增长遇到了瓶颈。涪陵榨菜必须 要随着市场的变化而变化，在既有传统市场保持优势的同时，大力开发电商渠道。另外在2019年财报简报第10页提到"行业内比较有影响的品牌有乌江、惠通、铜钱桥、鱼泉、吉香居、味聚特等"。像吉香居等品牌，由网红主播联手在各大直播平台现场带货，这种模式新颖且能迅速带动产品的销量，行业的竞争显得愈发的激烈，涪陵榨菜在布局电商渠道，势必会有销售额的增长放缓。

3. 传统渠道销量下滑

公司强调渠道下沉，做透乡县，但一方面新渠道经销商的销售能力不及一二线城市那么成熟，另外一方面下沉后的县乡市场对价格敏感度较高，品牌意识薄弱，且县乡市场本身自己作坊或者家里腌制的咸菜已经物美价廉，并没有形成消费习惯。

4. 连续的销售提价

涪陵榨菜10年先后提价12次，以克为单位，10年间价格上涨400%左右，希望通过持续不断提价来获得业绩增长。但榨菜作为一种佐餐小菜，并非必需品。虽然消费者需求是很旺盛的，但如果价格过高，性价比太低，放弃选择佐餐小菜或者是另选其他品牌，也是极为容易的。

5. 为了提升业绩，销售费用增加

公司对于销售费用的投入在2019年不断地上升，主要是为了投入市场推广费。详细可以看2019年的财报附注32、销售费用。市场推广费的占比从2018年的47%上升到了2019年的61%。

以上 5 点官方的财报解读，我们能从中提取到的信息量其实很大，关键看能否读懂企业想要告诉投资者的信号，总结这 5 点就是：虽然 2019 年整体经济下行，但是我们涪陵榨菜依然利用传统武器（传统的销售渠道）保证了收入的增加，虽然收入的增长速度没有以前快了，但我们在寻求新突破（新型销售渠道的打通），并且已经砸下重金（销售费用的增加）为未来做打算，砸下了钱还能保证投资人是赚钱的。这样的龙头企业，在笔者看来，是经历了外部天气的变化，凛冬将至，打了俩喷嚏，马上花钱买羽绒服进行保暖，并非生老病死这么严重，可能就是一场感冒。

从 2019 年涪陵榨菜发布的财务半年度报告的第三节公司业务概要，我们也能发现其成长性良好的证明："提高与竞争对手的竞争力，对部分市场部分客户采取滚动赊销政策，且所有赊销款不超过一年，年底收回。"

根据此条业务概要以及相关报表数据显示，公司银行贷款及借款、在建工程相较 2019 年期增长 500%，表明仍在大力研发新产品以及提升生产能力。"泡菜生产基地建设项目、眉山 4 万立方米榨菜原料池建设项目、惠通 2 万吨原料池及厂房建设项目及白鹤梁厂榨菜盐水回用处理项目等在建工程的投入。"

所以，涪陵榨菜从 2019 年的表现来看，依然是具有极强成长性的企业。

了解了成长性，我们来看一下涪陵榨菜的流动性：

翻开66页的资产负债表，涪陵榨菜的现金有一个多亿。另外，它的资产里面有一项叫作其他流动资产，总共11亿，翻一下财务附注我们可以发现，这11亿几乎都是银行理财，换句话说，**涪陵榨菜的现金类资产有12亿，占到24亿总资产的一半，可以说它的现金储备非常充裕。同时，涪陵榨菜自有资金投资银行理财产品的比例相较2018年增长了184%，表明公司的现金流实力仍然十分强劲。**

除此以外，我们从财报中还可以看到，涪陵榨菜的负债端有两个0：短期借款为0，长期借款为0，**简单来说就是，这家公司没有银行借款。**与此同时，该公司总体负债只有5个多亿，全部都是经营负债，简单来说就是欠供应商的钱、员工的工资、经销商的货物等等，都是正常经营活动产生的合理负债。资产负债率2019年为15%，2018年为17%，着实非常健康。

从资产负债表我们可以发现，涪陵榨菜的现金非常充足，资产负债率非常低，因为它负债少、没有银行借款，所以流动性非常良好。还有一家类似的不差钱企业，但是没有上市，叫"老干妈"，现金也是非常充足，不需要一分钱的融资。说到"老干妈"，虽然没有像涪陵榨菜一样通过上市融资发展壮大，但是它初期的发展模式和涪陵榨菜可谓是如出一辙，依靠其产品在消费者中的良好口碑，站稳市场。从进入市场到发展壮大都是依靠王牌产品的极强竞争力，一步一个脚印，踩出了自己在市场中的垄断地位。

讲完流动性，我们再来看涪陵榨菜的盈利性：

从盈利能力来讲，涪陵榨菜也十分优秀，主要因为它是行业龙头老大，议价能力非常强。强有力的议价能力能直接带来良好的利润率。怎么理解呢？我们之前说过作为行业老大，在进货商和经销商中都有一定的定价能力，而涪陵榨菜作为涪陵本地的龙头企业，在原材料的采购上更是有着得天独厚的优势。通过2017年的财报我们可以算出，涪陵榨菜的毛利率是46%，净利率是27%，这两项指标可以说完胜大部分的上市公司。

与此同时，由于公司的精细化运营，涪陵榨菜的销售费用占收入的比重一直呈现下降的趋势，也在一定程度上提升了盈利能力。从2017年财报中可以看出，公司在2016年完成品牌形象的投入之后，有意识地缩减广告投入。同时，管理费用的占比一直都控制得比较稳定。**利润率高，加上费用控制得好，使得公司的净利润水平非常可观。**

上文讲成长性时提到的净利润在2019年略微下降的原因也是销售费用增加导致的，2019年销售市场转型，产品销量及毛利略有下降，原因是销售费用的增加，用于拓宽电商销售平台，

但总体仍然具有较强盈利能力。

整体来看，涪陵榨菜的流动性和盈利性的表现都很优秀，成长性我们也做了分析，可以说2017年涪陵榨菜的财报是一个接近满分的成绩单，它就像一个正当壮年的"钻石王老五"，帅气多金（盈利性强）、身体倍儿棒（流动性好）、冲劲也很足（成长性好），这魅力简直难以抵挡，难怪2017年股价涨得这么好了。

此外，还有一个比较重要的财务指标想介绍给大家，它也是考察一家公司各项能力常用的指标，叫作**周转天数**。它不是独立的项目，需要配合其他指标来看。指的是我们要考察的项目在一年内平均周转一次需要多少天。比如说，应收账款周转天数、存货周转天数、应付账款周转天数等等。

其实周转天数很好理解，就拿应收账款周转天数来说，它表示的是收回现有的应收账款需要多少天时间。**周转天数越短，说明企业回应应收账款的能力越强，对企业的现金流状况越有利。**像茅台这种紧俏的货品，不仅没有应收账款，甚至还需要客户提前预定，所以它还有很多预收账款，因此它的应收账款为负。应收账款周转越快，企业的现金流越健康。

让我们回过头来再分析一下涪陵榨菜。财报显示它的应收账款周转天数还不到一天，也就是说它几乎没有应收账款。为什么呢？因为涪陵榨菜太畅销了，所以**它对经销商的话语权非**

常强，经销商不能赊账，进货的时候得一手交钱一手交货，甚至还要提前支付一部分货款。我们在资产负债表里可以看到预收账款有两千多万，就是来自经销商的提前付款。

除了应收以外，我们从财报中还可以看到**应付账款的周转天数**。它指的是企业赊欠供应商的货款需要多久付清。涪陵榨菜的应付账款周转天数是40天，表示它向菜农收购青菜头的时候，会隔一个月才把钱付清，这个已经相对比较快了，行业内一般60—90天是正常的。

那么大家想一想，涪陵榨菜的应收是1天，应付是40天，就意味着它的营运资本每一次都有39天的时间周转，它的现金净流入远大于现金的净流出，这也说明它的资金流动非常强。

最后，**再来看看存货的周转天数**。我们经常听到说某某企业经营不善、库存积压，简单来说就是货品滞销，比如一年只能卖掉两批存货，简单算下365天除以2，是182.5天；一年卖掉四批存货，就是365除以4，大概是91天。从财报中可以看到，涪陵榨菜的存货周转天数是96天，大概三个月左右，整体来讲相对还是比较健康的。

在本章结束之前，我们再来回顾一下主要内容：

1. 从成长性、流动性和盈利性三个维度分析了涪陵榨菜2017年的表现：首先它通过消费群体的结构升级，采取不断的涨价策略，抓住了对的时机，实现了收入高速增长；其次，涪陵榨菜没有银行借款，现金流也非常充裕，有着很棒的流动性，从应收账款周转天数了解到涪陵榨菜确实非常畅销；从应付账款的周转天数了解到它的资金流动非常强，因为现金净流入的速度大大高于净流出。从存货周转天数看到涪陵榨菜不存在货品积压的风险。最后，它的产品毛利高，而企业的费用管控也比较好，整体盈利能力很强。正是因为三方面都很突出，它的股价在2017年表现也很亮眼。

2. 收入和利润的增长率虽在2019年放缓，但盈利性和流动性仍然位居龙头。因为行业在不断发生变化，宏观经济增速放缓，以及竞争对手在电商行业的异军突起，内部做透下县销售渠道尚未成熟，县城人民自己在家腌制咸菜的消费习惯等，涪陵榨菜在2019年面临了销售收入增长率的放缓。销售费用的加大投入也并没有直接换来销量的大幅上升。不过因其龙头地位，在议价能力以及成本费用控制方面的优势等，仍在2019年获取了30%的利润率。所以即便在2019年只有3.93%的收入增长率，但30%的利润率和15%的资产负债率仍然说明其良好的盈利性和流动性。

本章的案例分析就到此结束了，希望大家以后吃榨菜的时候不仅享受它的美味，也能想起我们的分析，对小小榨菜背后的大大故事有更多的了解。

附录：

公司运营效率的财务指标

应收账款周转天数	$\dfrac{\text{平均应收账款余额}}{\text{营业收入}} \times 365$
应付账款周转天数	$\dfrac{\text{平均应付账款余额}}{\text{营业成本}} \times 365$
存货周转天数	$\dfrac{\text{平均存货余额}}{\text{营业成本}} \times 365$

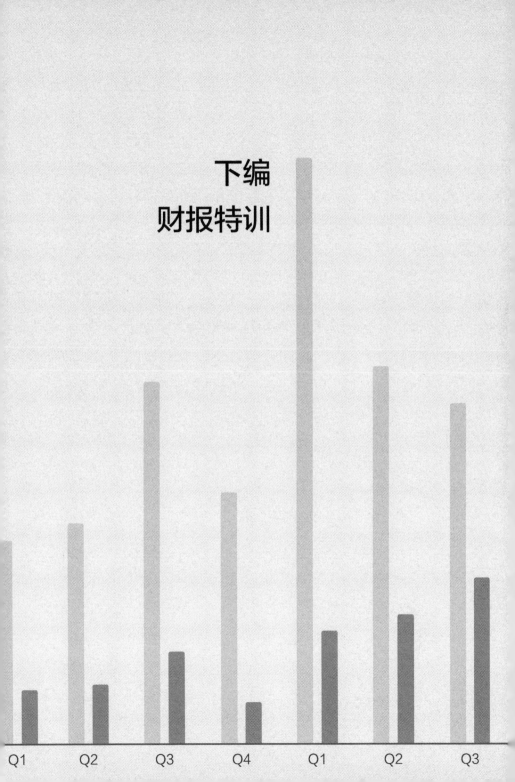

下编
财报特训

第九章
财报金钥匙：杜邦分析法

本章给大家介绍一个财务分析的经典方法，也被巴菲特誉为财报的精髓，叫作"杜邦分析法"。杜邦分析法是利用几种主要的财务比率之间的关系，综合分析企业的财务状况，它可以用来评价公司盈利能力和股东权益回报水平，从财务的角度评价企业绩效表现。

杜邦分析法的来历很有意思，早在一个世纪以前，美国杜邦公司的一名销售唐纳森·布朗为了向管理层说明企业内部的经营效率，第一次将净资产收益率也就是ROE拆解成三个财务指标，这三个财务指标分别指向了三个经营中的重要方面，只要在其中的任何一个方面做出正面的努力都可以提升对股东的回报。

之后这种分析方式被杜邦公司广泛采用，也可以说创造了财务分析的一个新篇章，这个分析方式后来就被命名为"杜邦分析法"。而唐纳森·布朗本人呢，也是顺风顺水，甚至还迎娶了杜邦家大小姐，后来又出任了通用汽车副董事长，走向了人生巅峰。

那么杜邦分析法到底是怎么样的一个分析法呢？

杜邦分析法的计算恒等式为：净资产收益率（ROE）＝净利率×权益乘数×总资产周转率。这里有三个利率、三个乘数，我们一一解释。

净资产收益率ROE（Rate of Return on Common Stockholders' Equity）是净利润除以平均净资产，代表股东的回报率。

记得之前跟大家讲过，只要是以净利润为分子的，一般都是用来衡量一家公司的盈利能力的，所以净资产收益率首先是一个关于盈利性的财务指标。而它的分母，所谓的净资产，其实就是股东的权益，指股东投入的每一分钱能够获得多少钱的利润。

因为净资产收益率是一个比较综合性的指标，它的表现既与公司的净利率有关，又会受到杠杆水平，也就是负债的影响，那么也跟公司的运营效率相关，涉及的范围非常广。所以，相对前面章节的内容来讲，本章还是略微有些进阶的，我们用一个简单的案例，一个一个讲解所涵盖的知识点：

首先，我们来看看等式右边三个乘数的第一个：净利率。

假设小明非常喜欢喝奶茶，他自掏腰包10万元，开了一家奶茶铺，还算比较成功，一年下来赚了5万块钱，也就是净利润5万。那么小明的净资产收益率ROE是多少呢？这个就非常简单了，我们刚刚讲过，也就是用净利润5万除以股东的投入10万，等于50%。他通过10万块钱的投入赚5万，这个盈利能力可以讲是相当不错的。**所以，大家通过这个案例可以理解，净资产收益率和业务本身的净利率水平有非常直接的关联。**

接着讲等式右边的第二个项目，权益乘数。

还是同样的案例，假设小明在一开始投了自己的10万进去，他还找隔壁老王借了90万，凑了个整数100万，开了十家奶茶铺。刚才我们讲到一家奶茶店能赚5万，他开了十家一年下来赚了50万。那么，他的净资产收益率就变成净利润50万除以股本10万，等于500%，比上个案例足足多了9倍。

简明起见，我们假设隔壁老王没有收利息。小明自己只投入了10万，为什么能赚那么多呢，是因为他撬动了杠杆。什么是杠杆？也就是负债，他跟隔壁老王借的钱其实就是负债。他成功地运用了外部资金的规模，一下子提升了盈利能力。

那么我们就发现杜邦分析法的第二个乘数，权益乘数，简单来讲就是企业的杠杆水平。聪明的读者就会想，那我借900万好了，那样的话岂不是赚得更多。理论上来讲，杠杆越高，股东的回报率也就越高。但是，世事无绝对，杠杆就是负债，负债是要还的，它是一把双刃剑。一方面它有利息费用，另一方面又非常考验公司的偿债能力。在这个时代因为偿债、资不抵债倒下的公司比比皆是，所以杠杆是不能无限地加上去的。

寻找正确的杠杆率，也就是一家公司财务管理水平的体现。

等式右边还有一个乘数是**总资产周转率**，也叫运营效率。它的公式等于收入除以平均总资产，衡量的是一家企业的总资产能够给公司带来多少收入。

还是前面的例子。小明自己的钱加上老王的钱，一共投入了100万，开了十家奶茶铺，那么在这个前提不变的情况下，小明越做越顺手，他把制作流程、销售流程等等进一步优化，使得一天能够卖出更多的奶茶。假设他把每家奶茶铺的销售收入从10万提升到了15万，体现在财务指标上，就是他的总资产周转率提升了：开了同样多的奶茶铺，产生的收入更多，运营效率得到了提高。在他前两个乘数：净利率和杠杆水平不变的情况下，通过提升内在的运营效率，小明一年赚到更多的钱，也就是ROE上升了。

其实，这也是很多企业在做的一件事情。很多时候，管理层都是想尽办法来提升自己的运营效率，总资产周转率包括很多像我们之前讲过的存货周转等等，就是更高效率地运营自己的资产。

这三个乘数讲完了我们可以看到，杜邦分析法确实是一个非常好的，可以提供给公司管理层有指导意义的、怎么管理自己公司的一个指标。它把净资产收益率创意性地拆**成净利率，权益乘数，以及总资产周转率（也就是公司的运营效率），这三**

个科目因为是乘式的关系，当中任何一个因素的提升，都可以使净资产收益率得到提升，这对股东来讲肯定是喜闻乐见的。而且对公司的经营者、管理层来讲，他们在经营上也可以有的放矢。打个比方来讲，公司的产品净利润可能已经到了一定的天花板，杠杆又加无可加的时候，可以在这一年专注于提升它的运营效率。反之，市场上资金相对比较便宜，成本比较低的时候，可以专注提升杠杆率。

学了杜邦分析法，我们照样不能光说不练。接下来我们就用杜邦分析法来分析一些上市公司。

第一个因素，净利率。因为净利率很高而让净资产收益率表现非常优秀的企业有谁呢？以贵州茅台为例，它2017年净资产收益率达到了惊人的32%，打败了市场上绝大多数的公司。如果你用杜邦分析法来拆解一下净资产收益率，会发现3个乘数里，权益乘数不算太高，因为它没有银行借款，资产负债率比较低。总资产周转率也不算高，因为茅台酒酿酒是需要一定的年头的，从酿造到真正能够销售，平均需要2—3年，甚至是5年，这个制作周期是省不下来的，所以总资产周转率提升的空间也不算特别大。

3个乘数去掉2个，唯一能够帮助它的就只有净利率了。茅台的净利率可以说是出了名的高，因为酒的主要原料就是粮食和水，而它的拳头产品飞天茅台上千元一瓶，且供不应求。所

以茅台的净利率达到了惊人的47%，直接拉升了ROE。**茅台主要依靠它的品牌效应和质量带来的高盈利能力给股东带来高回报。**

第二个因素，也就是杠杆水平。一些公司盈利能力不强，但是通过撬动比较大的杠杆，也实现了不错的净资产收益率。这种情况一般发生在重资产企业，比如国内制造重型卡车和发动机的龙头企业——潍柴动力。这家公司业务本身的毛利率其实还可以，有20%多。但是由于竞争越来越激烈，生产商纷纷通过延长保修期等措施赢得客户的青睐，公司需要投入大量的售后维修费用。再加上公司本身需要持续对研发进行投入，也拉低了净利率水平，所以潍柴动力2017年的净利率只有6%，在同行中确实不算显眼。

在净利率并不占优的情况下，潍柴动力的净资产收益率却达到了20%，在同行业中处于非常领先的地位，最主要的原因还是因为它的杠杆加得相对比较高，资产负债率达到了70%，它的主要竞争对手三一重工只有55%。所以它在资金的使用效率上还是很强的。当然我们前面也讲过，对于一家企业来说，杠杆并不是越高越好。**它是一把双刃剑，**在经济下滑的时候，会对资金链造成比较大的压力。

第三个因素，总资产周转率。我们看看这个指标有哪些企业做得比较好。珠宝行业的老凤祥是一家专门制作和销售金银珠宝的百年老店，而且它有一个特点，它的产品中黄金饰品的占比非常高。而黄金饰品，一克多少钱明码标价，差异最多是设计上的不同，价格相差不会太大。但是珠宝就不一样了，什么色泽、通透性、有没有瑕疵，各种标准眼花缭乱，价格也是千差万别，没有什么统一标准。那么它们在收益率上有什么区别呢？区别就是以黄金饰品为主的公司毛利率相比比较低，比如以黄金饰品为主的老凤祥的毛利率只有8%，净利率就不用说了。而以珠宝为主的公司毛利率比较高，比如说周大生，它的毛利率有30%多，净利率相对来说也比老凤祥好太多。但是你看一下，这两家的净资产收益率差不多，都在22%上下，这是为什么？我们发现一个很重要的原因就是老凤祥是一个薄利多销的公司，它的总资产周转率非常高。老凤祥一个产品平均2—2.5个月就卖掉了，而周大生一个产品可能需要大半年。从这个角度来讲，老凤祥就是金银珠宝行业里"薄利多销"的选手，通过更高效的运营也能给股东带来不错的回报。

关于影响净资产收益率ROE的三个因素怎么在杜邦分析法中体现，我们都讲完了，现在小结一下：

1. 首先，净资产收益率是一个盈利指标，衡量的是公司的盈利能力，也就是对股东投入的回报能力。

2. 著名的杜邦分析法，是把净资产收益率拆解成三个重要的财务指标：净利率（代表企业商业模式的盈利能力）、权益乘

数（杠杆水平）跟总资产周转率（企业运营效率）。这个拆解方式非常天才也非常重要，既能帮助投资者了解企业的商业模式，也能指导管理层的经营，应该精准地在哪个维度做出努力。

3. 最后我们用杜邦分析法为大家比较了三家比较典型的上市公司。可能很多公司3个乘数都相当不错，大家有兴趣也可以自己再研究一下。

第十章
财报避雷指南：3大常见造假区

本书已经进入最后一章了。相信大家心里都多多少少会有个疑问：我知道学财报有用，但是听说财报造假套路太深，我怕就算学了财报，到头来也识不破骗局。别担心，本章的内容就是来解决这个困扰的。

我曾经担任德勤会计事务所的审计合伙人，有17年的审计工作经验，现在又在歌斐资产管理公司任CFO，也负责财务尽调工作，可以说看过的公司报表不计其数，当然也经历过不少有财务造假嫌疑的案例。了解他们为什么要造假，在哪些环节容易造假，总结一些经验分享给大家。

《安娜·卡列尼娜》这本书的开场白大家肯定很熟悉："幸福的家庭是相似的，不幸的家庭各有各的不幸"，这句话套用在财务造假上就是：合规的财务报表都是相似的，舞弊的报表，各有各的方法。但是财务造假手段虽多，究其造假的目的，往往万变不离其宗。一般来讲有这几种：第一，虚增收入，或者是利润；第二，虚增资产，尤其是现金类的；第三，隐藏负债。通过一些异常的财务指标或者数据，我们可以找到蛛丝马迹，层层抽丝剥茧，最后验证真伪。

我们介绍三个最容易发现异常的财务指标，第一，毛利率；第二，应收账款；第三，经营性现金流。这三个指标我们在前面的章节都有过讲解，现在用一些案例教大家如何学以致用。

先看毛利率。

毛利率之前我们已经讲过很多次了，它是观察一家企业盈利能力最重要最直观的指标。只要企业的主营业务没有发生重大的变化，一般来讲毛利率也是比较稳定的。**如果想要找出一家企业有没有对毛利率动手脚，我们可以从两个维度来侦查。哪两个维度呢？第一，跟自己比；第二，跟别人比，也就是跟同行比。**

跟自己比很简单，就是和公司过往数据做比较，看历史上毛利率波动大不大。

有些上市公司，明知自己业绩不好，但是为了大股东的利益不惜伪造财务报表操纵股价。一个活生生的例子就是山东墨龙，一家生产油气管道的公司，2015年一季度毛利率20%，到了三季度就变成了37%，增长率超过85%，而且公司并没有对此作出任何说明。一般来讲，这么高的增长率，基本上产品应该是有非常重大的更新换代。所以，在前因后果都没有的情况下，突然出现波动的毛利率，是非常值得警惕的。

后来这家公司的行为被证监会查处，董事长及总经理因为内幕交易或操纵股价被罚1.2亿。确实，公司在没有作出解释的毛利率增长背后，第四个季度又做了"冲回"，把收入减低，所以间接地控制了股价。作为普通投资者，如果提前注意到没有得到解释的毛利率的剧烈波动，就可以发现造假的苗头，避免掉进坑里。

除了跟自己比，也可以跟同行比。

一般来说，一些直接竞争的公司在相同或类似的商品或服务上，毛利率的表现理论上是比较接近的。比如，同样生产家电的格力电器和青岛海尔，毛利率都在30%左右。而且由于享有行业龙头的定价权，它们的毛利率其实应该比同行更高一点。反过来讲，如果没有行业龙头的地位，却享受着比行业龙头还要高的毛利率，那么它的真实性就值得关注了。

万福生科，一个非常有名的案例，在 A 股市场里可以说是创业板造假第一股。在其他同行毛利率普遍是8%—15%的时候，不是行业龙头，它的毛利率居然接近30%。这么异常的毛利率，在上市不到一年就在证监局的一次稽查中被查出IPO的申报材料造假。之所以在上市时能蒙混过关，可能跟它的行业有一定关系。万福生科主要是做粮食精加工，上游和下游大多

都是个体经营，用现金结算，这种交易方式不容易被核实，很容易出现造假猫腻。

通过与同行的数据比较，可以发现毛利率的异常之处。因此，我们要相信市场经济的规律，尤其在一个相对成熟的行业当中，不论是售价，或是成本，整个价值链条的各个环节定价都应是比较稳定的。突如其来的毛利率波动是很反常的，大家要有火眼金睛，牢记一句话：事出反常必有妖。

我们再来看另外一个指标：应收账款。

大家还记得吗？应收账款指的是企业在销售产品时，还未从客户那里收回来的钱，记录在资产负债表的流动资产中。

如果你是个业务员，到了年底想要冲业绩，货又实在卖不动了，怎么办？有些喜欢"小聪明"的人，就发现了一个办法。他说我跟客户商量好，把明年要买的货提前到今年先签合同下单，客户先不用付钱，先帮我把这个合同签了，把销售额冲上去，等之后客户真的有购买需求了再付货款。这就是常说的"压货"。

这种提前确认销售收入的行为对公司来讲纯属"寅吃卯粮"，今年的收入是好看了，但是明年就不一定了。甚至还有更加恶劣的后果，可能就是在第二年的时候，客户根本就不会去买这笔货，就把这个货给退回来了，这就属于更加严重的应收账款造假了。

当然，只要有心，这种手段也很容易戳穿，只要看看应收账款周转波动，也是同样横向和纵向的比较，是否异常就可以。

正常情况下，一个企业给客户的账期，不应该有特别大的波动。如果有刚才说的"寅吃卯粮"的情况，那么公司在期末的应收账款一定会大幅增加，整体来讲会拉长客户还钱的周期。

给大家讲一个我在实际工作当中碰到的案例：有一家应收账款有异常的公司，是一个新兴的创业企业。利润表乍一看，表现非常不错，收入高速增长。再看资产负债表时，就出现一点问题，它的账面上有大额的应收账款，而且在同行账期三个月的情况下，它的大额应收账款账龄高达九个月。也就是说，有一些大额购买的客户根本就没付过钱。

再仔细看看应收账款的明细，就发现更多的问题了，欠钱时间长的都是大客户，这个也比较可疑。而且，我们还注意到，应收账款余额，就是没有收回钱的收入，占了当年收入的一半多。这说明它当年销售额的一半都是没有现金回收的。

当然，仅仅这么一个指标我们还不能轻易下定论，因为是一个一手的尽调项目，我们可以获取非常完整的数据。经过进一步的追查和抽查，查验这几个大客户相关的销售合同，我们确实发现了，合同当中有一些顾客的公司名称是有造假的，甚至有可能是假刻了公章，使我们比较确信这家公司存在财务造假的嫌疑。这就是通过应收账款异常，拉出一串造假问题的案例，也让我们避开了一个可能的投资雷区。

当然，对于投资二级市场的股民来说，一般没有办法一下子获得这么详尽的一手材料，那么也能够通过财务报表的异常指数，至少提高一些警觉性。**如果发现公司的应收账款有不合理的大幅增加，或者应收账款的周转天数突然上升，就一定要提高警惕了，要多做一点功课，不能轻易地就下一个重大投资决定。**

我们来讲一讲最后一个容易发现异常的指标：经营性现金流。

所谓经营性现金流是一家公司的主营业务实际带来的现金流入。一般来说，和公司的净利润应该是大致匹配的，有多少收入收多少现金。净利润增加，通常情况下经营性现金流会相应增加。当然，有时候也会出现背离，比如净利润是正的，但是经营性现金流却是负的，或者净利润大幅增加，但是经营性现金流没怎么变，这个可能就要引起注意，当然不完全一定指向造假，可能是有些特殊的会计处理，但是这个应该引起关注。因为收入虽然可以造假，但是现金流是得拿出真金白银的，造假难度很大，成本很高。所以**当两者发生背离的时候，一定多做点功课，要寻根问底，有可能猫腻就暗藏其中。**

举个例子，去年年底有一家上市公司被证监会处以行政处罚，它的名字叫作"雅百特"，不过现在已经加了两个字母，叫

"ST百特"了。这家公司是专门造屋顶的，当然它的屋顶比一般住宅楼的屋顶要高级一些，做的是机场的金属屋顶和光伏屋顶。雅百特在2015年实现了借壳上市，因为要完成上市时的业绩对赌，压力大了，就动了歪脑筋，在2015年的年报中虚构了一个海外工程项目——给巴基斯坦一个公交枢纽站造屋顶，这项工程号称给雅百特带来了超过2亿人民币的收入，贡献了它当年总收入的20%。

可惜这个牛皮吹得太远，吹出了国门，引起了同行的质疑。因为这种规模的海外项目一般需要施工方先垫资，垫资因为在海外，需要外汇储备担保，一般的企业其实没有能力承接，只有国企、央企才做的了。因为这个项目，雅百特引起了同行的怀疑，也遭到了举报，一个拙劣的骗局由此揭穿。事后发现，这些动辄上亿的工程，巴基斯坦公交枢纽站，其实只是两个会计人员在一间不足20平米的小屋里编制出来的。

当然做投资不能等到证监会处罚了这个公司才后知后觉去懊悔怎么踩了这么个坑，最重要的还是能够提前嗅出风险的味道。其实在雅百特2015年发布的重大重组报告书中，披露了当时的财务情况，其中有一点就是我们刚刚讲的：它的净利润连续三年为正，而经营性现金流连续三年都是负的，显然两者一直都是背离的。这就是特别需要重视的一个异常情况。如果沿着这条线挖下去，也许聪明的读者也可以发现，它有一个虚构的海外项目。

另外，我们结合虚增收入中的修改毛利率来看，也可以从另一个角度印证他们在作假。雅百特过去的财报显示，在2013—2014年它的毛利率都不到30%，恰恰在上市的时候，突然暴增到40%。而且同行平均毛利率只有10%。跟自己比，有巨大的波动；跟同行比更是夸张，从这一点也可以察觉其中必定有诈。

下面，我们结合2020年初中概股"瑞幸"被浑水做空后，自曝财务造假的案例来详细解析如何透过财务报表，来发现上市公司造假的可能性。

2020年4月初，疫情的阴霾还弥漫全球，就在美股纷纷发年报、亮出成绩单的这段时间，中概股市场爆出一个"大雷"：瑞幸自曝财务造假，虚增交易额达22亿元。随后当天股价暴跌75.6%，同时引发中概股的剧烈震荡：

同样在四月，Wolfpack Research发布爱奇艺的做空报告；好未来教育自爆员工行为不当，公司怀疑其与外部供应商伪造合同，夸大销售数据；瑞幸的承销商投行瑞信的信誉受到波及，不再担任微医IPO的保荐人。

在这场可以称得上丑闻的财务造假事件中，影响波及整个中概股以及负责IPO的投行，做空机构发挥了最关键的作用。

就在瑞幸自曝的两个月之前，曾遭到知名做空机构，浑水的公开做空。这份非常详实的浑水做空报告，成为瑞幸咖啡故事的终结者。

做空机构可以说对于财务造假的手段了如指掌。正所谓"魔高一尺，道高一丈"，哪里有最新的造假手段，也就有"做空"的机会。

这里我们简单展开一下，讲解一下做空以及几个相关的术语，做多、多头、空头。

做多，英文为long，也称做多、作多、多头，是指投资者对股市看好，预计股价将会看涨，于是趁低价时买进股票，待股票上涨至某一价位时再卖出，以获取差额收益。通俗讲就是我们说的买入。

做空，英文为short，又称多头放空、作空、买空、卖空（新马两地用语），与多头相反，指投资人在手中不持有证券的情况下，向券商借入证券以卖出。因看跌股票，在股价下跌中获利。

其实一般大家买股票，就是做多，看涨所以做多；而做空就是反向操作，因为看跌，所以用融券的方式，向券商借来这家公司的股票卖出，然后宣布利空消息，等股价大跌之后买回股票还给券商，从中套利。

比如做空瑞幸的浑水（Muddy Water），就是专门做空的机构。上市公司在明处，它在暗处，通过更全面的尽职调查，一线蹲点、暗访、采访，获得一手信息，结合财务判断能力，狙击这些财务造假的公司。一边利用大众媒体作为"吹哨者"，等股票价格狂跌；一边在资本市场上套利，获得巨大风险之下的巨额利益。

浑水过往有很多知名的做空案例，就像狙击手一样让造假的上市公司防不胜防。浑水研究，可以说曾经让所有有"猫腻"的中概股公司闻风丧胆。

浑水起家，是做空东方纸业。在东方纸业如日中天的时候，浑水创始人布洛克挨个儿给这家公司的客户打电话，逐一核对各个客户对东方纸业的实际采购量，对比官网披露的经营信息，最终判断出东方纸业虚增收入。简单说，就是这家公司拟定了假合同和开假发票。

假合同和假发票，这种造假方式导致的就是我们提到的第一种和第三种方式，虚增经营现金流，从而虚增毛利。正因为金融市场，尤其是中国金融市场存在的信息不对等，让做空机构有了降维打击的机会。

另一方面，浑水也并非无往不胜。随着中国资本市场的开放，浑水做空中概股的数量逐年减少。2019年浑水做空六家公司，其中只有一支是中概股，也是我们比较熟悉的安踏。而且，安踏在被做空之后不跌反涨，涨幅超过30%。

做空机构为什么可以通过财报，去发现上市公司的猫腻？很大程度上，因为资本市场的信息不对等，给了企业可乘之机，制造烟雾弹。而做空机构，包括一些做财务尽调的第三方咨询公司，除了从财报的蛛丝马迹中，看出一家公司的运营状况，还有一个不可或缺、也是最老土的方法论：完全实事求是地调查，即使意味着最累、最脏、最接地气的活儿，都要去做。

浑水做空瑞幸一案，正是一个实例。这个最新发生的做空案例，也佐证了我们这一章的重点，通过财务报表，去发现上市公司造假的猫腻。

下面，我们就简单复盘事件的始末。

在2020年2月1号，浑水发布一份做空报告，在销售量、单价等等数个方面狙击瑞幸。当时瑞幸回复这份报告不实，但短短两个月后，瑞幸就自曝财务造假。我们简单回顾这个事件。

首先，浑水在推特上表示："我们收到了一份长达89页的不明身份的报告，声称瑞幸咖啡是个骗局：'在2019年第三季度和2019年第四季度，每店每日商品数量分别夸大了至少69%和88%，有11 260小时的门店流量视频为证。'我

们认为这项工作是可信的。"这份报告署名为"浑水报告研究"。

因为没有人会做好事不留名，花大价钱聘请一千多个兼职，耗时981个工作日去蹲点录像，肯定是有利益在其中。大概率就是这家做空机构本身，建立了大量空仓，等待丑闻曝光后股价下跌。下面统称为"浑水报告"。

消息一经披露，瑞幸当天股价盘中跌幅20%，也几乎是直接引发了4月瑞幸的自曝"财务造假"。

这份浑水报告所瞄准的财务虚增问题，正是我们在本章中提到的毛利率和经营性现金流两个问题，通过这份非常详实的报告可以进行仔细的解剖分析。

那么，我们就来看看浑水是怎么去进行一次教科书级别的"尽职调查"的。

首先我们都知道，对于零售餐饮，这种非常古老的商业样态，最关键的就是分散在全国各地的门店，以及每家店的实际销售额。但这也是最难收集的信息。所以，为了核实瑞幸的销量和客单价。浑水通过委托三方咨询、聘请兼职全职和实习生，出动了一支庞大的尽调团队：92名全职和1 418名兼职人员。

这1 500余人在现场进行监控，记录了981个店铺的日客流量，覆盖了620家店铺100%的营业时间。尽调团队统计了每家店的客流量，并记录了从开门到关门的视频，保证每个视频的完整度，平均每天11.5小时。

当时，瑞幸的4 507家门店分布在53个城市，尽调覆盖了38个城市，其中96%的门店都位于这些城市。也就是说这次抽样是非常全面的。

其次，浑水团队随机选取151家线下店来跟踪他们的线上订单。采取的方式是：

在商店营业时间的开始和结束时分别下了一份订单，以获得当天的在线订单数量。而调查者发现，同一家商店在同一天的在线订单数量膨胀范围从34到232，平均每天106个订单和平均72%的离线订单。

在以上比较全面的采样和统计之后，浑水团队收集了来自45个城市2 213家商店10 119名顾客的25 843张收据。

25 843张收据显示，每个订单的提货和送货单分别为1.08张和1.75张。

如前文我们提到的，大量的蹲点、录像取证、抽样统计，这些最基础最接地气的工作，才是所有财务数字的根本，也是商业能否持续发展的基石。在如此大量的真实数据统计下，我们来看看浑水的统计和结论，与瑞幸财报差别最大的要素就集中在"实际售价"和"订单量"。

而这两者的乘积就构成了我们在利润表"三分法"中提取的，收入、营业利润和净利润，也就造成了造假区毛利润的虚增。我们来看具体财务项目（以下内容引用自浑水报告）。

1. 实际售价

我们都知道瑞幸打折券非常多，这也就导致公司外部的人很难了解实际售价。浑水团队的25 843张收据显示，平均实际售价只有9.97元人民币。但瑞幸报告称，2019年第三季度每件商品的平均售价为11.2元人民币。

不包括免费产品，现磨饮料和其他产品的售价分别为10.94元和9.16元，与报道的情况相比，膨胀（虚增）率分别为12.3%和32%。实际销售价格为上市价格的46%，而不是管理层声称的55%。

在2019年11月13日的收益电话会议上，瑞幸的首席财

务官兼首席运营官雷诺乌特·沙克尔对于2019年第四季度，
给出了更高的财务指引。

Actual vs. Reported Price Comparison – Excluding Free Product

Excluding free product	Report Case	25,843 Receipts	Inflation (RMB)	Inflation %
Net selling price (RMB)	12.24	10.83	1.41	13.0%
% of Net Listed Price	55%	46%		
Freshly Brewed Drinks (RMB)	12.29	10.94	1.35	12.3%
% of Net Listed Price	54%	45%		
Other products (RMB)	12.09	9.16	2.93	32.0%
% of Net Listed Price	57%	56%		

Source: Luckin Public Filings, 25,843 Luckin customer receipts, Coffee_Detective calculation

Luckin CFO & CSO guided Q/Q ASP growth on 2019 3Q earnings conference call on Nov.13, 2019

Shiyan Wang *Crédit Suisse AG, Research Division - Research Analyst*

The second question is, could you talk about the trend of the key operating metrics into the fourth quarter, especially the ASP, as we are seeing increasing promotion intensity by you and other competitors and also the growth outlook for the Luckin Tea products in Q4 given the seasonality?

Reinout Hendrik Schakel *Luckin Coffee Inc. - CFO & Chief Strategy Officer*

Now on your second question in relation to the ASP, we've seen another healthy growth of ASP quarter-over-quarter. On the one hand, that is because in terms of the number of new customers that we attract or the number of free cups that we give as a percentage of total transacting customers, obviously, continues to reduce because we've been increasing the number of transacting customers. So that has a less dilutive impact on sort of your ASP.

At the same time, also, we continue to increase the number of people that are already paying the price that we want them to pay. So it's a trend that we have seen in Q2. We obviously see it in Q3.

In terms of your questions, yes, we do expect that trend to continue, in line with what we have been communicating on before. So over time, the sort of the long-term price that we're looking for is, obviously, that sort of CNY 16 to CNY 17, and we gradually will kind of move towards that price point over time.

Source: Luckin 2019 3Q earnings transcript

数据引用自上面这张截图，来自瑞幸官网的"投资人
关系（Investor Relations）"页面，都是公开发布的信息。

浑水的收据显示，大部分商品的售价都在标价的28%—
38%之间。只有39.2%的顾客支付的价格高于12元人民币，
18.9%的顾客每杯咖啡支付的价格高于15元人民币。这跟
瑞幸2019年第三季度的财报"有超过63%的客户为每杯咖

Thank you for your inquiry.

The company does not currently have an investor kit available. For more information, please visit the investor relations website at http:// investor.luckincoffee.com/, where the company's latest earnings information and SEC filings are available.

Best,
Rose

From: no-reply@gcs-web.com <no-reply@gcs-web.com>
Sent: Friday, March 6, 2020 9:30 PM
To: 投资者关系 <ir@luckincoffee.com>
Subject: http://investor.luckincoffee.com - Document Request

啡支付15—16元人民币"有很大出入。

所以浑水有证据认为，瑞幸将每件商品的实际售价至少提高了1.23元或12.3%，"人为"地维持了财务模型的有效性。

2. 单店盈利

按照尽调统计的情况计算，即每家店每天263件，净售价为9.97元，那么单店的损失高达24.7%—28%。其中，损失达24.7%的情况，还假设瑞幸实现了规模效应，在2019年第二季度报告的数字中降低成本。

那么公告中的单店数据，与这支尽调队伍蹲点来的收据情况有很大矛盾。

所以，浑水报告得出结论，如果说瑞幸的核心客户对价格仍然非常敏感，而管理层还报出虚高的财务数据，那么瑞幸所讲的"咖啡故事"就很难持续下去。

3. 其他产品

瑞幸的收入除了咖啡还有其他产品，比如三明治、坚果等轻食，保温杯、帆布包等周边电商产品。2019年3季度的财报上占总收入的23%。

但是，在报告追踪的981个工作日中，只有2%的提货订单中发现了非现制产品。25 843张收据进一步显示，收派订单中4.9%及17.5%为其他产品，占6.2%，即膨胀（虚增）近400%。

从表面看，消费者倾向于购买更多的其他产品来满足免费送货的要求（即55元以上免费送货），这个结论看起来是成立的。但是，如果2018年第二季度的订单率从62%大幅下降到现在的近10%，为什么同期"来自其他产品的收入百分比"从7%上升到23%？这两个具体数字确实是相去甚远。

4. 销售费用

还记得利润表中对于三费的划分吗？**销售费用，管理费用和财务费用。**我们提到了如果销售费用畸形偏高的话，可能是涉及比较激进的销售手段。而浑水怀疑瑞幸虚增销售尤其是广告费用，来抵消掉虚增的毛利润。

为了核实，浑水采用第三方媒体的跟踪数据，发现瑞幸将2019年第三季度的广告支出夸大了150%以上，尤其是在分众传媒上的支出。在2019年第二季度财报电话会议上，瑞幸首次披露分众传媒在2019年第二季度的费用，管理层仅仅设法解释了其中的1.545亿元，占2.42亿总广告费用支出的64%。

根据CTR（点击通过率）市场研究跟踪的数据，瑞幸将2019年第三季度的广告支出多报了150%以上：2019年第三季度，CTR暗示分众传媒支出为4 600万人民币，仅占瑞幸广告支出的12%，远低于前几个季度。假设瑞幸在2019年第三季度的非分众传媒广告支出与此相当，那么瑞幸将其广告支出夸大了158%。

Below are CTR's monthly tracking results of Luckin's advertising spending on Focus Media's channels. **Luckin's spending was reduced to a minimum level from September to November 2019, but rebounded in December 2019.**

CTR tracking - Luckin																			Fraud Started				
Media list price rmb.m	18/01	18/02	18/03	18/04	18/06	18/07	18/08	18/09	18/10	18/11	18/12	19/01	19/02	19/03	19/04	19/05	19/06	19/07	19/08	19/09	19/10	19/11	19/12
LCD Display	-	53	126	266	272	110	257	290	321	239	200	188	47		149	100	716	261	266	-	-	-	-	503
Y/Y Growth															18%	-62%	164%	137%	4%					
M/M Growth				111%	2%		133%	13%		-26%	-16%				614%				2%					
Poster/Digital Frame	-	5	54	13	89	23	96	107	117	89	82	48	16		71	33	104	86	111	-	-	5	137	
Y/Y Growth															31%	152%	16%	281%	16%					
M/M Growth				578%			323%	12%		-24%	-8%				211%				28%					
Movie theater network	8	2	-	31	48	19									42	94	140		62	-	-	-		
Y/Y Growth															-12%	389%			48%	-56%				
M/M Growth																								
Total	8	59	180	311	409	152	352	397	438	328	282	235	63		220	134	862	442	517	62	-	-	5	840
Y/Y Growth													698%		22%	-57%	111%	190%	47%	-84%		-98%	172%	

Source: CTR Market Research

5. 跳号

瑞幸案例中，另一个引起我们关注的"未解之谜"在于，跳号。对于审计来说，这可以说是一个大忌，并不是业内常规的操作手法。而且，完全让人有理由去怀疑这些订单数量的可信度。如下图所示，跳号就是不使用连续的订单数，来误导投资者。

瑞幸管理层的说法是，越来越多的投资者和数据公司开始跟踪他们的订单号码，所以采用了跳号。

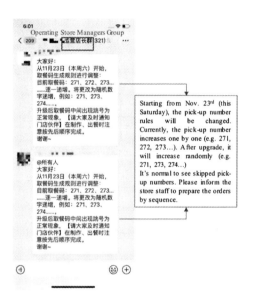

对于三方机构、尽调机构，究竟应该如何进行更全面的调查和核实呢？浑水的人海战术、蹲点尽调几乎是唯一的方法。

浑水做空事件之后，瑞幸给出的部分回应：

"公司特别对以下几项具误导性的失实指控做出回应：

报告称，2019年第三季度和第四季度店日均销售商品数被虚增。报告中展示的数据与公司自身系统里的数据之间存在重大不一致。客户在瑞幸咖啡的每笔订单都是通过线上下单的，并会被自动记录在公司系统中，订单付款程序通过第三方支付服务提供商完成。

因此，公司的所有关键运营数据均被实时追踪，包括店日均销售商品数、单均商品数和有效销售价格，且可被验证。公司在数据管理方面拥有强大的内控系统，以确保自身系统及第三方合作伙伴系统中数据的完整性和一致性。

报告称，单均商品数从2019年第二季度到2019年第四季度持续下降，有效销售价格在2019年第三季度被虚增。报告中所谓的客户订单收据的来源和真实性无据可依，且其报告中的基础统计方法毫无根据。报告所引用期间内，公司实际单均商品数量大大高于该报告所称数据。此外，我们所披露的有效销售额是真实、准确的，并且可以通过公司内部系统进行验证。

报告称，瑞幸咖啡夸大了广告费用，并将此部分用于增加2019年第三季度的收入。这项指控完全基于错误的假设以及对公司广告费用的不正确和误导性分析。公司对销售和市场营销费用进行了详细的审查并用底层数据进行了交叉核对，确认披露的广告费用是真实和准确的。"

瑞幸在被做空一周后，股价就涨回了做空前的水平，当时市场对于浑水的判断并没有非常"买账"。而后，瑞幸官方回应，中金等机构继续力挺瑞幸，包括另一个做空机构香橼资本（Citron Capital），也发推声称自己收到了这份浑水报告，但认为不可信。

当真相逐渐浮出水面，根据一些对当事人的采访，我们也看到了这份报告的来龙去脉。浑水通过内部的模型去判断数据，自上市就坚信瑞幸是一个做空标的，但是没想到瑞幸股价竟然一涨再涨。于是浑水花去巨大成本，委托国内三方的咨询机构，招来实习生进行一万多小时的监控摄像，实现了这个耗时数月、动用过千人的"尽调工程"。这里需要说明的是，我们只是尝试再现整个做空报告中的尽调手法，对事件最终的结论不作任何判断。

财报需要向投资人展示公司运营的方方面面，而且上市公司的财报都需要第三方的审计公司过审，给出意见。再加上尽职调查和实地考察，对比核实财务数字和真实经营状况。这是最笨，但也是唯一能够核实这些数字的方法。

这也就是为什么我们会听说，审计师去养猪场里数猪的数目。但现在的投资机构，往往满足于在写字楼里跟IR、董秘、CFO高谈阔论、互换名片，就把投资人的钱砸在这堆来历不明的数字上了。

而互联网模式因为数据都是在线产生，实际用户量、用户时数都有篡改的可能性。瑞幸所有交易的在线化，无现金，其实也催生了骗局。

所以，做空也是保护投资人不被骗的一个机制。第三方的研究机构，譬如做空机构，他们坚信公司财务出现问题，然后提供分析报告，也可以让我们穿透财务报表的迷雾，从另一个角度去理解上市公司。

这对于我们读财报、进行投资决策的启示也就在于：兼听则明。互联网时代，除了上市公司自己公布的这些报表，第三方的做空机构，或者是第三方的研究机构的报告也可以去参考。

浑水与瑞幸的这场大混战，相当有意思。当然，中概股受波及，失信的投行也付出了相应的代价。这个案例不仅可以帮助我们认知财务造假的手段，其背后的资本和商业模式，也值得深思。

很多人相信了瑞幸的"咖啡故事"：用互联网的手段把咖啡价格打下来，不再像星巴克锚定的那么高。而"老司机"也深谙资本圈的"话语体系"，懂得怎么用看起来有潜力的财务数据，去讲一个资本听得懂的故事。

但是，对于这种还在快速扩张期的公司，我们去参考它的各种财务指标时，需要更谨慎小心。不同于A股，美股上市公司能够接受没有盈利，所以瑞幸在净利润这个指标上，还没有获得稳定的净利润和现金流，全凭市场认可它的商业模式。

那么，对于个人来说，就需要考虑自己掌握的信息是否全面，承担风险的能力是否到位。我们普通投资者没有办法像浑水那样去做尽调，但是可以提高信息和知识的储备，综合判断。比如，这一章我们涉及的三个财务造假重灾区，其实专业的做空机构也是从这几个维度去下手的。

所以，我们只能赚到自己认知范围内的那部分钱。其他的，如果有，那大概率都是运气。

最后我们再做一个总结，回顾一下本章介绍的三个常用的财务造假指标：毛利率的造假、虚增收入会造成应收账款的异常、**经营性现金流。大家如果看到一家公司的净利润连续大幅度增长，但是没有现金流入，那么这也是一个异常情况。**

到这里，《CFO教你读财报》的内容就结束了。希望大家通过本书的学习，多多少少了解一些财报的知识，至少打开一份财报的时候，不再心头茫然，而是能迅速从中拎出对投资有用的重点信息。

习得这个能力，你就不再是一个炒股的散户股民，而是一个真正的投资者。你既可以依靠这个方法找到遗世之珠，也可以避得开惊天之雷。希望这本书能让你的投资变得更加有智慧！